漫步東京森林

カラー版　東京の森を歩く

福嶋司 著　　張宇心 譯

前言

東京應該沒有多少森林吧？會這麼想的人恐怕不在少數。原因或許是人類聚居的市區街道中林地稀少，且森林多存在於島嶼跟奧多摩，但實際上，比起鄰近的埼玉縣與千葉縣，東京森林面積佔比反而更高。

東京森林最大的特徵在於其所蘊涵的多樣性。從奧多摩到海岸區域自然生長的森林，有各式各樣的型態與分布的變化而產生的結果。

東部街道的面積比例相當高，林地少，然而，即使在這種情況下，大名屋敷遺址與神社裡，卻留有大片森林。以填海而生的古老東京低地，在濱離宮，有復育海岸自然林的椨樹林，江戶時代中期，中國清朝送給八代將軍吉宗的唐楓現在依然生機勃勃；清澄庭園的森林，在關東大地震時，曾經保護了因火災而逃竄避難的兩萬人，如今依舊可見，栲樹與銀杏仍然生長茂盛。

武藏野台地的東部區域，先不論人工造林，有與自然林樣貌不同的明治神宮森林，其中還有趁著黑夜從自然教育園運送過來的赤樫，生長極佳。還有，植物教育園裡，江戶時代植下的虎尾鈴懸草，經過長期休眠狀態之後，重新發芽，開出美麗的花朵。新宿御苑中，明治初期從他國輸入的各式各樣樹木，現在也蓬勃生長。

中部以西，石神井公園水池中的島上，有其他地區都沒有的濕地榛木林，小金井公園內種

三頭山犬橅林的新綠（攝影：作者，以下同）

植多種櫻花，使日本的春天之美增色不少。

這片區域，常可見到國木田獨步稱爲雜木林的落葉林。此區的林地，是開墾武藏野台地的人因生活所需而種植出來的，經過三百年的培育與使用，成爲現在的風貌。不過因爲住宅用地入侵，儘管仍有殘存，但與人之間的緊密關聯漸趨淡薄，而日益荒廢。

與武藏野台地西邊相連的是地勢高低起伏不定的丘陵，住宅區也各自散落在其中。這區仍有殘留下的自然地形，山谷中有水田，周圍有雜木林，一到春天，各種樹木的新芽，讓景色多采多姿。

高度漸升的奧多摩地區，則有廣闊的森林。杉樹、檜樹的人工林佔地面積雖廣，但仍可見栂樹、橅樹等自然林。自古即以「信仰之森」而受保護的高尾山，以山脊爲界，南邊是常綠闊葉林，北邊則是落葉闊葉林。在三頭山，櫟樹林或溪谷林，會依地形變化而有櫟樹跟犬櫟分布差異，自然性高的森林多保有昔日的樣貌。沿著山徑而下，樹幹直徑可達一公尺多的栗樹，會混雜在樹徑三十公分左右的水楢中生長。相傳其果實是荒年時非常重要的救命作物。

要了解東京的森林，首先是認識森林形成之處的地形，以及那片森林的代表性植物構成，加上人類歷史角度的觀察，可說是捷徑。藉此而發現令人興奮的新知，更可能看見與過去所介紹的東京森林截然不同的新風貌。

我們就開始漫步東京森林吧。

目錄

序章
東京的自然特徵

新宿御苑

東京森林基礎的地質與地形

森林，根據其性質與使用目的的不同，而有多重定義，本書則以「森林」（樹木叢生的地方。《廣辭苑》第六版），或是「包含森林的空間」爲主。在一一探訪各處森林之前，本章節中，先整理東京自然環境的基礎資料。

圖1是東京都的地形概要，也同時標示地質差異。

東京西部奧多摩地區是海拔超過一千公尺以上的山地。青梅以西的地帶，地質屬於距今兩億五千萬年前到兩億年前，也就是古生代到中生代，稱爲「秩父層群」的堅硬岩石。岩石經年累月受到侵蝕的結果，而使此區主要爲險峻的地形。

山地與丘陵的分界在高尾山附近，高尾山與周圍群山一帶的地層，是一億六千萬年前到六千四百萬年前，中生代侏儸紀到白堊紀形成的「小佛層群」，爲海底顆粒大小不一的砂堆積形成的海成層隆起的地質。

這一帶比西部稍微嶄新一點。東側連綿起伏的丘陵地地質更新，是兩百萬年前到七十萬年前海底的堆積層隆起，成爲「上總層群」。此地層因多摩川、荒川、入間川長期流過而蝕削，未受侵蝕殘留下的區域，就是海拔約三百公尺高的丘陵。

平井川北邊是草花丘陵，多摩川本流與秋川、淺川合流之處是加住丘陵，南邊是全長

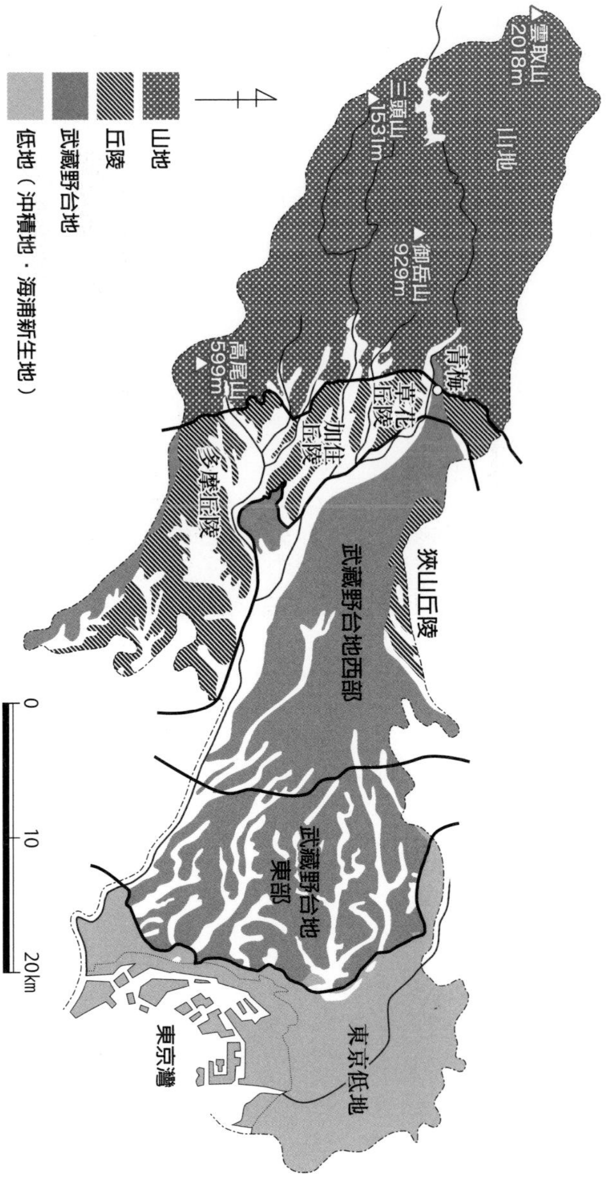
雲取山 2018m
三頭山 1531m
山地
御岳山 929m
青梅
高尾山 599m
草花丘陵
加住丘陵
多摩丘陵
狹山丘陵
武藏野台地西部
武藏野台地東部
東京低地
東京灣
0
10
20km
山地
丘陵
武藏野台地
低地（沖積地・海浦新生地）

圖1　東京都的地形概要

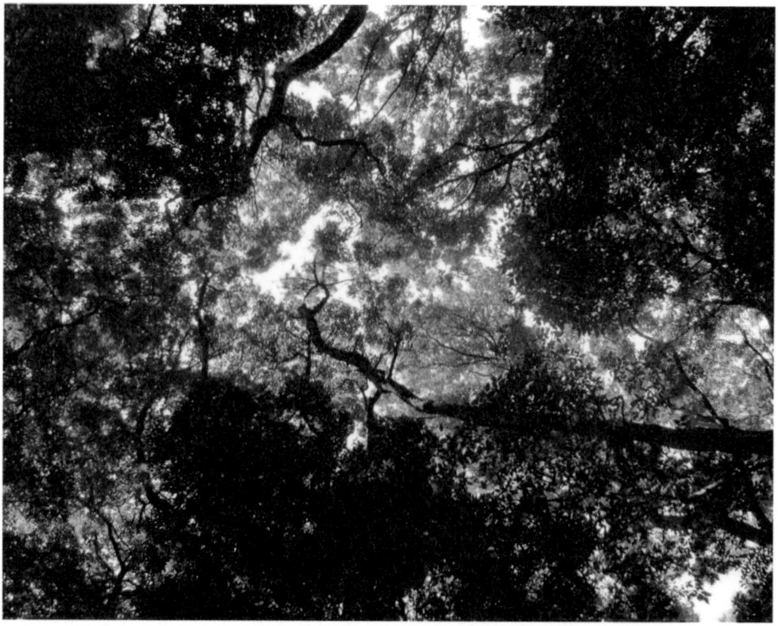
抬頭向上看，會發現樹木生長茂盛，幾乎遮蔽了天空（明治神宮的森林）

三十八公里的多摩丘陵橫亙。

與丘陵相連，但在更爲低矮的地域延展的這片台地是兩百萬年前以降，第四紀形成的洪積台地，稱爲武藏野台地。這片台地是以標高一百九十公尺的青梅一帶爲扇形頂端，緩緩傾斜的大扇狀地區。武藏野台地上，從六萬年前開始，古富士山與箱根山噴發而產生的大量火山灰沉澱、堆積。此火山灰層稱爲「關東壤土層」。地質特色爲水容易在其中流通，缺乏保水力。因此武藏野台地的開發較遲。江戶時代初期，有玉川上水與野火消防用水而開始挖掘，但西部地區的開發，要到江戶時代中期德川吉宗的時候，才算真正開始。

武藏野台地到了東邊，在標高五十

公尺一帶，坡度就更趨平緩，此處有湧泉，水匯流的地方有池子，而後形成河川。井之頭池、善福寺池等源頭都來自於此處湧泉。受到池水與河川侵蝕的武藏野台地地區，就是武藏野台地東部地區。從以前就稱爲「山手」，江戶時代，許多大名宅邸就分布於此，多爲武士居所。台地受東京灣的波浪沖蝕，形成尾端的海蝕崖。在面向東京灣行駛的山手線與京濱東北線上可以一覽海蝕崖。

於崖下開始，面海的地域爲東京低地。這裡是從關東山地與台地發源的河川運載下來的土砂，形成海灣與堆積地，蘆原遍布的濕地帶，由江戶幕府塡海造地而成。結果就形成了遼闊的陸地面積，大名宅邸與平民百姓的街道出現，成爲人口眾多的生活空間。塡海造地歷經昭和時代，現今似乎也依然持續，在昭和時期，打造了許多工場與林地。這片新舊混雜的林地，爲缺乏綠意的東京低地區提供了重要的綠地。

東京的自然森林

人類尚未聚居之前的東京森林，也就是自然林，究竟具有何種樣貌？又呈現什麼樣的分布？即使植物群落受到破壞，依然有仍保有自然性的林地零星散布，也有小規模的森林，依其分布的高度、地形的位置，結合、對照該地是以哪些植物構成的資料，就可以推斷出人類居住之前的森林樣貌。再者，森林即使遭到採伐、破壞，但隨著時間流逝，又會回復到自然原貌。統合這兩種特性，對於現今所見的森林，就可推斷其中經過多少程度的質變。

靠近海岸的低地區域到台地、丘陵之間，是與關東其他區域一樣分布著常綠闊葉林（照葉林），從最上層（高木層，高度超過十公尺以上），到下一層的亞高木層（四到七公尺）、低木層（零點五到兩公尺）、草本層（零點五公尺以下），每一層都是常綠性植物的森林。這些林地的分布到標高大約六百公尺左右。靠近海岸富含水分的東京灣低地，有與千葉縣、神奈川縣的海岸低地常見的椨樹林分布，台地與坡地則廣布栲樹。現在東京都內低地幾乎看不到以椨樹為主的森林，但是在古老的填海造陸的濱離宮，卻有經年累月而形成的自然林的植物生態。而栲樹為優勢物種的森林可以在上野公園、東宮御所、各地崖線發現蹤跡。

高度再往上升，接近常綠闊葉林分布的上限，就變為高木層以樫木屬的裏白樫、赤樫、青剛櫟的森林，這類型態的代表林於高尾山可見。

標高六百公尺以上的話，常綠樹種的生長量遽減，以落葉樹種為主的森林取而代之。直到標高約為一千公尺處，以山脊為中心，針葉樹如樅、栂樹佔優勢的森林，是為代表。這類型森林的分布，在九州、四國、東海、關東地區等地太平洋側，奧多摩的御岳山，與注入奧多摩湖的河川的坡面常可見到。江戶時代，則以森林中的栂樹木材做成舟筏，沿著多摩川，運送到江戶各處消費區域。

海拔一千公尺以上到一千八百公尺之間，則屬以橅木爲主，包括水楢等高木佔優勢的落葉闊葉林區域，這類森林中，低木層多是篠竹、都笹等笹類佔大宗，不過，現在這片區域因遭受嚴重的獸害，原本草木層植物生長繁茂的地方，因爲鹿大量啃食而變成裸地狀態的地方不少。

標高一千八百公尺以上的地域，也是東京最高的地域，到最高峰雲取山（海拔兩千零十八公尺）之間，則是以針葉樹白檜、大白檜、米栂，闊葉樹岳樺等亞高山帶種樹木生長的地方，然而面積極爲狹小。

東京都的人工森林

若論及東京的森林，不得不提的是分布於武藏野台地上的大片平地林，一般咸稱爲雜木林。人類因需求而種植的小楢、櫟所形成的人工森林，即爲「人工林」。這類人工林長期以來都是人類重要生活資源的來源，例如柴薪、炭火、肥料等等。然而，因爲都市化，生活環境改變，面積持續縮減，人類也停止使用，原屬於自然林的植物，逐漸開始在人工林中生長。結果造就成在這片土地開發之前廣布的常綠闊葉林如白樫、金新木薑子、青木的種類增加，慢慢往自然林遷移。

杉樹與檜的人工林仍是東京都的重要森林。杉樹與檜幾乎都分布於奧多摩，其中大部分是

從高尾山頂遠眺富士山壯麗的剪影

因爲戰後擴大造林政策而栽種出來。原本在江戶時代，杉樹的植林就已經存在。東京古老的人工杉樹林是幕末時江川太郎左衛門栽種的，現於高尾山仍可見到。

然而奧多摩的人工林，因爲木材價格下降，從事林業的人減少且有高齡化的趨勢，因而停止管理。屋漏偏逢連夜雨，熊啃食樹皮、鹿啃食幼木與草本類的狀況日益嚴重，受災面積年年增加。

稀少的天然林

我們談到東京的自然森林，以及作爲生活資源的人工林，現在讓我們來看看，東京的自然目前是什麼樣的狀況，森林的分布以及種類概觀。

圖2「東京都現存植生圖」，是我們現在能看得見的植物群落分布樣態。可以看到，森林集中在東京的西部，東部地區森林相當稀少。在奧多摩，針葉樹人工林廣布，昔時台地上廣布的「雜木林」已經減少到在此比例的縮圖上幾乎不見蹤影的狀況，僅在丘陵地的里山部分區域可找到其分布。

根據林野廳在二〇一二年舉辦的調查顯示，東京都的森林佔全都面積的百分之三十六點三，其中天然林佔百分之二十點二，杉樹與檜等人工林佔百分之十一點一。日本全國的森林佔比爲百分之六十七點二，其中天然林佔百分之三十九點六，人工林佔百分之二十七點六，與此數値

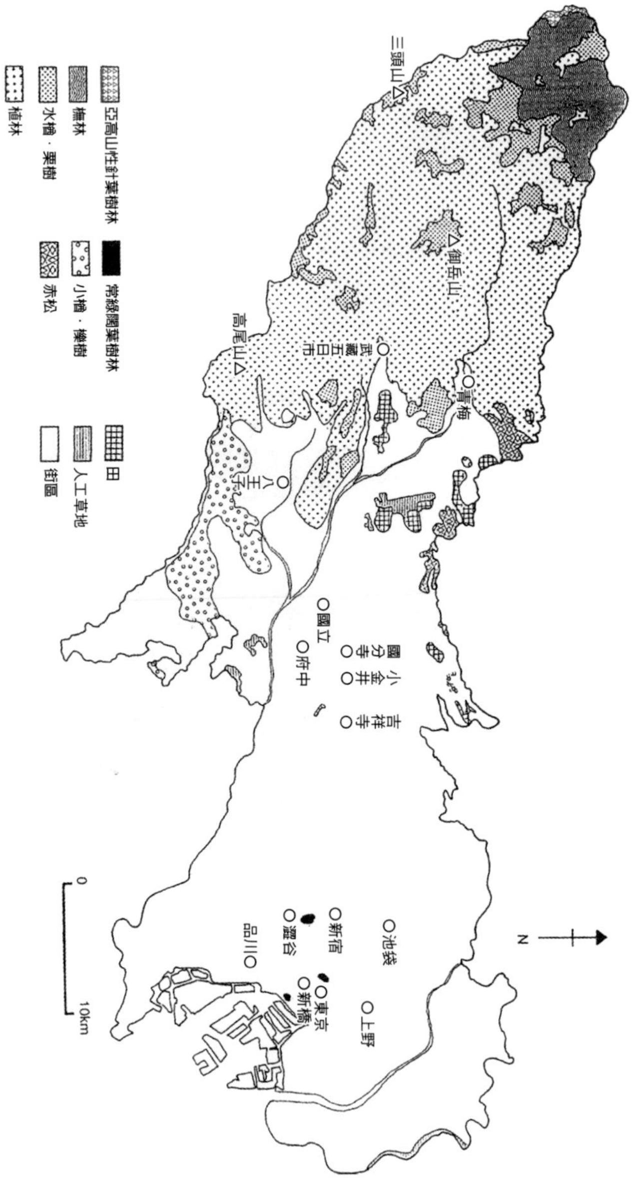
亞高山性針葉樹林
櫸林
水楢・栗樹
植林
常綠闊葉樹林
小楢・櫟樹
赤松
田
人工草地
街區
三頭山
御岳山
高尾山
武藏五日市
青梅
八王子
國立
國分寺
小金井
吉祥寺
府中
池袋
新宿
澀谷
品川
東京
新橋
上野
N
0
10km

圖 2　東京都現存植生圖

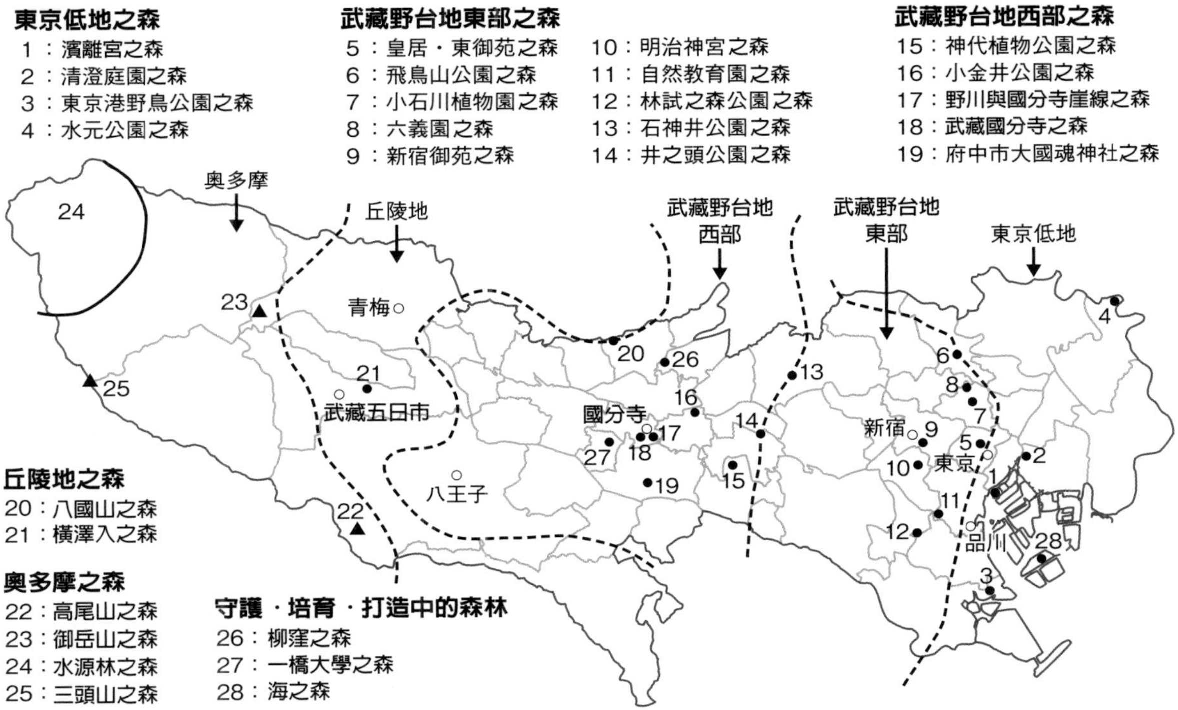
東京低地之森
1：濱離宮之森
2：清澄庭園之森
3：東京港野鳥公園之森
4：水元公園之森
武藏野台地東部之森
5：皇居・東御苑之森
6：飛鳥山公園之森
7：小石川植物園之森
8：六義園之森
9：新宿御苑之森
10：明治神宮之森
11：自然教育園之森
12：林試之森公園之森
13：石神井公園之森
14：井之頭公園之森
武藏野台地西部之森
15：神代植物公園之森
16：小金井公園之森
17：野川與國分寺崖線之森
18：武藏國分寺之森
19：府中市大國魂神社之森
丘陵地之森
20：八國山之森
21：橫澤入之森
奧多摩之森
22：高尾山之森
23：御岳山之森
24：水源林之森
25：三頭山之森
守護・培育・打造中的森林
26：柳窪之森
27：一橋大學之森
28：海之森
奧多摩
丘陵地
武藏野台地
西部
武藏野台地
東部
東京低地
青梅
武藏五日市
八王子
國分寺
新宿
東京
品川

圖 3　本書論及的森林分布圖

相比，人工林佔全體面積的比例差距並不太大，但很明顯地，天然林的面積正在減少。

順帶一提，全日本的耕地面積佔百分之十二，東京都則是百分之三點四，但以街道面積來看，日本全國是百分之三點四，東京都卻高達百分之三十七點八，東京都的特徵顯而易見。

接下來我們要一一探訪圖3顯示的二十八處「東京森林」，本書分爲低地、台地東部、台地西部、丘陵地、奧多摩五大區域。不過東京離島區域的森林則未含括於本書範圍中。

第一章
東京低地森林

遠望濱離宮庭園

新生地上形成的森林

現在都心面海的區域，上有以利根川爲首，大大小小河川流過。河口區域濕地廣布，遼闊的淺海綿延。

此區域進行大規模開發，是從德川家康進入江戶開始，至此之前，就僅有零零散散的小村落而已。慶長八年（一六〇三），德川幕府開始之後，江戶成爲日本的中心，家康也著手整頓江戶城與下町。削平了後方的神田山（駿河台），填平今日的日本橋、日比谷、銀座一帶遍布的濕地帶「日比谷入江」，生活空間得以擴展。

本章介紹的「東京低地森林」，是在經年累月填海造地的新生地上形成的森林。不過，此區的森林形成的時間有所差異，樣貌也不一樣。這是因爲時間變遷而變化的森林樣貌，同時也有海岸地域的植被轉變的樣貌。

1 吉宗飼養大象、種植甘蔗的「濱離宮之森」

繁茂的栴

濱離宮（正式名稱爲濱離宮恩賜庭園）是都立公園，面積有二十五公頃。從JR濱松町站、東京地下鐵銀座線、都營地下鐵淺草線的新橋站徒步十分鐘即可到達。公園呈梯形，西側有包夾狹窄水路的首都高速道路、電通本社等高樓成列，南北是汐留川與築地川，東有東京港，圍繞四周。

江戶初期，這一帶被稱作「芝」，遍地蘆原，是將軍家的獵鷹場（御鷹場）。承應三年（一六五四），四代將軍家綱在遼闊的淺海海岸填海造陸，約有一萬五千坪（四點九五公頃）的土地，賜給弟弟綱重作爲宅邸用地。這個地方就成爲歷代將軍家的別邸「濱御殿」。明治維新後，成爲海軍基地，之後歸於皇室所有，名爲「濱離宮」，建造了專門接待外國貴賓的「延遼館」。昭和二十年（一九四五）十一月，賜予東京都，翌年以「濱離宮恩賜庭園」開園，開放一般民眾入場。

庭園的入口處，站在橫跨築地川上的大手門橋，望向公園的方向，是沿著築地川而生的茂盛椨樹，枝葉甚至延展到水面上。過了大手門橋，緊接著就是稱爲「切込ハギ」的正門。不愧爲江戶城「出城」位置上所應該有的堂堂之門。

走過入口的服務中心進入園區內，是完全不同於周遭的異世界。六代將軍家宣時代歷經大改修，相傳種植了許多黑松，現在仍舊存活的黑松，被稱爲「三百年之松」，一進正門的左手邊就可以看到。

明治時期，接待重要貴賓的延遼館，在明治二十二年（一八八九）毀壞，在其遺址上，現在是備受照料的高大黑松，下方則是廣闊的草坪。舛添知事時代，計畫在此建設迎接二〇二〇東京奧運會時的迎賓館。這些姿態美麗的黑松到時候都會消失，實在令人感到可惜。這項會銷毀對日本庭園空間展現來說非常重要的黑松的計畫，希望能夠撤銷啊。黑松林東側，是叫做內渠道的溝渠，對岸是江戶時期有「濱御殿的倉庫」之稱的場所，裝載的貨物從築地川沿著內渠道運至，就在此處卸下貨品。渠道現在仍保留了當時的石階。

沿著道路前進，是巨大的椨樹成林，構成這片森林中心的椨，是日本低海拔地區的常綠闊葉林主要的樹種，在靠近海岸地域形成森林。特徵是隆起的樹冠，葉子在陽光照射下會

濱離宮

閃閃發光的照葉樹。這樹種與樟樹同屬樟科，樹皮是偏淺的褐色，呈疙瘩狀，並不光滑。葉子會散發香氣，但不若樟樹那般強烈。樹皮可用作八丈島特產的黃八丈的染料。黃八丈這種捻線綢是黃色、褐色與黑色的織物，黃色是使用草本植物「子鮒草」，黑色是栲樹，褐色則是使用椨。樹枝與樹葉乾燥後磨成粉，可以作爲線香或蚊香的材料。再則因爲生長區域靠近海岸地帶或是河川沿岸，因此在古代，巨大的樹幹也常被用來刳成圓木舟。

大象的長崎到江戶之旅

德川家與濱離宮緣分匪淺，因而留下許多特別的傳說。在小杉雄三所著《濱離宮庭園》一書中有不少例子。八代將軍吉宗初次造訪此

三百年之松

地是享保元年（一七一六），在他即位十一年之後，也就是享保十二年（一七二七），在濱離宮種植來自於薩摩的甘蔗，歷經多次失敗後，終於在享保十四年（一七二九）成功製作出精製黑砂糖，亦即是國產砂糖「和三盆」。

還有，輸入大象。吉宗聽到大象的傳說之後，極感興趣，因而派人交涉，結果要從越南運來兩頭大象，雌雄各一。享保十三年（一七二八）六月十三日，大象運抵長崎，然而，抵達長崎後，母象死亡，於是，在兩名越南人，兩名中國翻譯人員的陪同下，享保十四年（一七二九）三月十三日，從長崎開始長途徒步旅行，將公象帶往江戶。現在長崎車站到東京車站，鐵道長有一千三百二十五公里，在當時，沒有運載巨大生物的工具或方法，這段距離，大象大約走了兩個半月，才在五月二十五日抵達濱御殿（《通航一覽》）。

途中，還去京都拜謁中御門天皇。不過，拜謁天皇，必須有五位以上的資格才行，因此，緊急授予公象爲「從四位」，位階比起一般的大名還要高。當然沿途各地方居民皆從未見過大象，因而看見大象時的驚訝，與爭先恐後想親眼目睹的景象，自是不難想像。

大象抵達江戶，吉宗在江戶城看過大象之後，就將牠飼養在濱離宮。小杉雄三引用介紹的〈我衣〉中，提及一則逸事。當時，負責飼養的人，減少餌食的量，將餌食的經費中飽私囊，大象因此發怒，用象鼻捲殺了飼育人員。有聞者感嘆：「象真是明辨是非的靈獸啊！」並記錄下事情始末。大象畢竟是龐然大物，需要的食物量肯定不少。飼料一年的費用多達一百三十兩，當時正值「享保改革」大力推動之際，宗吉自己穿木棉布衣，以身作則，率先實行簡約生活，因此飼料的費用也讓宗吉大傷腦筋。考慮到最後，決定將大象轉手，公開徵求接手的人。

提出申請的是中野村（現在的東京都中野區）的源助、押立村（現在的府中市押立）的平右衛門、柏木村（現在的新宿區）的彌兵衛三人。負責飼養的這三人提出計畫，利用象的糞便製成藥物，因爲在漢方中，象糞對於俗稱「象洞」的疱瘡與痲疹有治療作用。只要將燒焦的象糞，與沒有燒焦的粉末，用開水攪拌飲用就可以治療象洞的藥，也從大岡越前守取得販售許可，這是日本未曾出現過的珍貴藥材，加上附有幕府的認證，先不論效果如何，但評價非常高。

獻給吉宗的唐楓，首次出現日本

庭園中央引入了東京灣的海水，打造出一座迴遊式庭園，也是東京都內唯一引入海水的庭園。這座「潮入之池」會因爲海水漲退潮，而有變化萬千的風貌。池中有「中島御茶屋」，以北方的傳橋、西邊的中島橋，以及南方朝向富士見山的中之橋連結起來。這座庭園四周，圍繞著土堤，以防海風。北邊與南邊的土堤又特別高聳，靠近海岸的區域則築有假山，除了防止海風吹入庭園內部之外，也讓地形起伏有致。其上種有以椨爲主的林木，生長茂盛。園內有椨、黑松、榎樹、櫻樹、楓樹類等樹木約六千多棵。

其中也包括高大的三角楓（トウカエデ），一過中島橋之處就可看到。此樹原產於中國，因此又有「唐楓」之名。一般楓樹的葉裂看起來就像青蛙的手，也叫做「蛙手」（かえで），唐楓與其他楓樹的差異之一，就是葉片是三裂的。春天時嫩葉是黃綠色，秋天時變成赤褐色，展現出強烈而獨特的美感。而樹皮呈鱗片狀，突起的刺是其特徵。

濱離宮中種植的三角楓，是從中國以船運送到日本來，在享保六年（一七二一）獻給吉宗。獻上的樹共有六棵，其中一棵種在當時作爲藥草園的小石川御藥園（現在是東京大學大學院理學系研究科附屬小石川植物園），剩下的五棵就種在濱離宮。這幾棵樹到目前爲止都未曾乾枯，依然欣欣向榮，靠近中島橋的那棵樹胸高直徑達一點三公尺，樹高則約十五公尺。其他四棵則在道路兩旁的土堤上，樹高也及十五公尺上下，樹幹直徑也不輸前面提及的那棵。其中一棵從

椨樹的葉子與樹幹

樟樹的葉子與樹幹

吉宗的唐楓（圓圈內是唐楓的葉子）

樹根處分成四棵，樹體龐然，讓人深感三百年的歷史重量。

汐留川沿岸的土堤上，也是以椨爲主的常綠樹茂盛生長。比土堤高出許多的是築山「富士見山」，因爲以前在這裡可以遠眺富士山。這區周邊是胸高直徑爲七十至九十公分的椨，雖然公園中有更大的椨種植區，但也許是受海風影響，樹高只有十公尺左右，稍微偏小。

末代將軍慶喜搭乘開陽丸復歸的港口

面對東京灣的地方，是歷代將軍乘船出發之處。傳說中，江戶末期，鳥羽伏見之戰戰敗，將軍德川慶喜匆忙從大坂（阪）搭上開陽丸，於明治元年（一八六八）一月十二日清晨天未亮時回到此地，之後騎馬進入江戶城。現在仍有石階與門跡，可供追憶過去。此處也有「上岸處」的標誌。

東側一角是隅田川上航行的水上巴士登船口，此區附近以及面向西側汐留川的馬場跡一帶，也有相當繁茂的楠林，間雜有榎樹，形成森林。森林的種類構成與關東的千葉縣、神奈川縣的海岸地帶分部的自然林楠木林一樣。新生地上茂密的森林也有三百年以上的歷史，自然的力量使之與自然林同樣安定生長，而這裡是能確切感受此一力量的地方。

2 關東大地震時守護兩萬人性命的「清澄庭園之森」

深川的珍貴綠空間

都營地下鐵大江戶線的清澄白河站，步行約五分鐘，就會抵達清澄庭園。此區雖是深川的邊緣地帶，綠地相當稀少，清澄庭園反而成爲珍貴的綠空間。庭園附近的雲巖寺，有松平定信的墓。松平定信是將軍吉宗的孫子，擔任白河藩主，推動「寬政改革」，大田南畝曾藉狂歌諷刺其政治態勢：「白河雖清，魚難生，念田沼濁之昔」，意思爲「松平定信的儉約，使當地人民生活困苦，讓人不禁想念自由的田沼時代」。

清澄這一帶，要到寬永年間（一六二四到一六四三）才有人居。德川家康從今日的大阪帶來的漁民首先定居在佃島。因為該地面積狹隘，漁民於是開墾對岸的蘆原，形成新的深川漁師町。之後，清澄庭園這區成為紀伊國屋文左衛門的別莊。提到紀伊國屋文左衛門，眾所皆知的事蹟是，當海上驚濤駭浪持續多時，從紀州來的橘子無法順利運抵江戶，導致價格暴漲，他卻有辦法運送大量的柑橘；而在奪走十萬人性命的明曆大火之後，他從木曾谷搬運大量的木材到江戶。

後來，又變成下總國（現在的千葉縣周圍）關宿藩主久世大和守的下屋敷，長期使用。幕府解體後，又成為德川慶喜與前島密的所有地。明治十一年（一八七八），創立三菱財閥的岩崎彌太郎買下那一帶約三萬坪的土地，打造庭園，名之為「深川親睦園」，作為社用。之後，在園中建築迴遊式庭園，於明治二十四年（一八九一），完成了現在看到的清澄庭園。

在這一段歷史長河中，擁有者更迭變化，關於清澄庭園之歷史，特別值得記上一筆的是，在關東大地震時庭園的狀態。庭園中的森林，拯救了逃至此處的兩萬人性命。不過這件事人們似乎所知有限。我們就以文獻資料為基礎，來仔細談談關東大地震，以及這座庭園如何發揮作用，成為避難場所。

清澄庭園

庭園中央的池與周圍的樹林

救助人命的森林

大正十二年（一九二三）九月一日，上午十一點五十八分四十四秒，發生了芮氏規模七點九的大地震，震源位於相模灣，隨後各處陸續發生了二次災害——火災，大火燃燒持續了三天，當時東京市內約有過半區域遭火舌吞噬。東京市全區百分之六十二的房屋燒毀殆盡。死亡人數（包括行蹤不明的人）有九萬三千八百八十六人，死者中約有百分之九十的人是被燒死的。因爲火災產生了熱旋風（熱龍捲）。狂風捲著著火的東西，以及粉塵，紛紛撲向四處竄逃的人們身上，火災的熱風也籠罩著地表、燃燒衣服與頭髮。著了火而在空中飛散的東西，甚至出現了人頭。

被火舌追趕的人紛紛逃向遼闊的空地與種滿樹林的公園，當時東京市的人口約有兩百四十八萬人，其中有百分之七十的人，因爲在公園等地方避難，因而躲過一劫。然而，不同的避難場所，因爲條件不一，因而成了生死之別的差異。我們就以陸軍製衣廠舊地（現在的墨田區橫綱町公園一帶）與舊岩崎邸（現在的清澄庭園）爲例來比較。

陸軍製衣廠在隅田川岸，製衣廠轉移到赤羽後，遺址有建造公園的計畫。但當時是面積達四公頃以上的空地，周圍有鋼架壁板與寬約一公尺左右的壕溝，這裡聚集了從火災中逃出來的四萬人，火災的延燒速度未若預期地迅速，人們準備在此處長期奮戰，因而隨身攜帶了棉被、財物等等。

大家聚集在空曠的地方避難，卻在一瞬間，周圍高溫的熱旋風三度襲來，隨身攜帶的棉被與財物等起火燃燒，於是裡外都成一片火海。人們沒有地方逃，結果三萬八千人就被燒死。據說在這一區，因爲窒息或者燒死的人合計共有四萬四千三百五十一人。而且，其中能夠判斷出性別的死者，只有不到百分之十三點六的比例，完全顯示出火災的恐怖。

另一方面，保護了兩萬名避難者性命的舊岩崎邸，就是現在的清澄庭園。舊岩崎邸與陸軍製衣廠一樣是在隅田川岸，面積約有四點八公頃，四周同樣被民家圍繞。然而舊岩崎邸中央有池子，宅邸周圍是煉瓦牆與土堤，再加上土堤上種植了栲樹、椨、銀杏等各式各樣的樹林，宅邸內也種了不少樹木，這裡同樣遭受外部火災的高熱侵襲，但是周圍的樹木擋住高熱，因而確保了避難者的人身安全。北村信正在《清澄庭園》一書中詳細介紹了災害狀況與熟知樹木防火效果的龍居松之助。就來看看其中一段：

「沿著東南兩地界的牆栽種的椎，有幾處已經燒毀了，但九月下旬，卻像銀杏一樣已經長出新芽。（中略）進入內庭，損傷真的意外地嚴重。舉目所見，一片赤紅，不留一絲庭園樹木的綠，雖然下方草類稍微冒出一點綠意，但只是點綴。松樹、楓樹的殘弱讓人愕然，但像松樹一樣，在島上的植物，還有與池水鄰近的植物，也都一片赤紅。不過，當庭園北邊猛烈火勢蔓延而來時，這些庭園樹木拚命抵抗，保護了逃到這裡來的人，如此一想，不禁深深感謝這些已經一片赤紅的枯木。」

從這段文字可以了解，宅邸內的庭園中種植的植物受到多大的損害，此外也明確介紹了周圍蓊鬱的樹林樣貌，以及樹木如何發揮作用，遮蔽了熱風流入內部。此處種植的常綠樹木葉子很厚，與落葉樹相較，水分含量更多。水分從葉片蒸發，降低了熱度，也因而枯萎。

自古流傳的樹木防火功能

從這個例子還可以了解到，樹木、樹林都具備令人矚目的防火力。所謂防火，就是在熱源與物品之間設置空間，使之不會著火燃燒；排除燃燒物、遮斷熱源、以水降溫冷卻，也就是消防。其中，排除燃燒物、騰出空間兩項防火對策，從奈良時代就已經有此觀念。天平寶字元年（七五七）實行的「養老令」中，第二十二條「倉庫令」寫道：舉凡倉庫，設置於乾燥的高處，側邊開鑿渠道，距離倉庫五十丈（約一百五十公尺）內，不得設置屋舍。倉庫周圍五十丈的空間設置，就是爲了防止起火燃燒而採取的措施。

再者，藉由樹木遮斷熱源與降低熱度，也已經從經驗中汲取，隨處可見的草地、屋子周遭的林木，都是因爲預期它們可以產生效果。種植的

耐火性強的「火伏木」

栲樹

白樫

樹木則是會依各地方而有差異。伊豆地方是珊瑚樹，關東地方是赤樫、栲樹、白樫，東北地方是檜葉，山陰的石見地方是黑松。這些樹木被稱爲「火伏木」。後面會提到的自然教育園區的土堤上種植栲樹、赤樫，就是期待它們能夠發揮防火的作用。

此外，有些雖然不是常綠樹，但對於消防仍能發揮作用，神社或寺院中常見的銀杏樹就是一例。火災時，銀杏會降下大量的霧和水，保護建築物，因而有「起霧銀杏」、「噴水公孫樹」、「食火之樹」等稱呼，遍及日本各地。銀杏雖然是落葉木，但因爲樹葉厚、含水量高，因而能發揮防火的作用。

樹種因其質性不同，因此抵抗火（耐火性）的強度也有不同。山下邦博的論文〈論針葉樹與闊葉樹的起火性之差異〉中，有多種樹木實際燃

耐火性強的「火伏木」

珊瑚樹

赤樫

燒結果的報告。根據這篇文章，會燃起火焰的「有炎發火」開始溫度，常綠針葉樹平均四百度，落葉闊葉樹是五百到五百七十度，常綠闊葉樹是五百七十五到六百度。無炎發火的溫度相對來看比較低，常綠針葉樹是三百七十五到四百度，落葉闊葉樹是四百二十五度，常綠闊葉樹是四百到四百六十五度。常綠闊葉樹在高溫下才會開始燃燒，常綠針葉樹比起其他樹種更容易燃燒，落葉闊葉樹則是介於兩者之間。

東京二十三區的防火力調查

森林在怎樣的狀態下能有防火作用？關東大地震後，當時的山林局技官田中八百八寫了一份報告，〈大正的大地震及大火與帝都的樹園〉，河田杰・柳田由藏的報告書則是〈火災與樹林、樹木的關係〉。當中都提到安全的避難所，以及能抵抗火災的樹木、樹林的考察研究。根據這兩篇報告，從防火觀點來看，以常綠樹為主的樹林帶，最好是枝葉茂密，且有不同階層安排的森林，作為避難場所的地方，周圍如果有這樣的樹林環繞的話，可確保三萬坪（十公頃）以上面積的安全。也有關注不同樹木的枝葉耐火性與遮斷熱源效果等防止延燒效果的報告。耐火性表示難引火性與難燃性，植物的含水量、蒸發力、熱傳導率等都有影響。另一方面，遮斷力是植物作為屏風，遮蔽火的效果，會因樹形、枝葉的形態、密度等形態上的特性而產生差異。

一九八九年，關東大地震之後，我們（福嶋司與門烏健）根據山林局技官所調查的二十六處，考量面積規模、形狀，選出其中十個地方：數寄屋橋公園、坂本町公園、湯島天神、神田明神、深川公園、橫網町公園、築地本願寺、淺草公園、清澄庭園、日比谷公園，調查各處現在的面積、樹林的現況、樹種等等資料，診斷現在的防火力，寫成報告〈從樹木的構成與配置來看都市公園的防火機能之研究〉。

根據這份報告，以耐火性、遮斷力的綜合評價來判定哪些地方是安全的避難場所，得到的結果是只有日比谷公園與清澄庭園合格，多人死亡的橫網町公園、深川公園、築地本願寺、淺草公園等依然處於不安全的狀態。

之後，爲了要找出東京二十三區全域的防火力診斷與可作爲避難場所之處，更進一步做成「東京二十三區內的樹林防火力分布圖」，試著進行診斷。圖4就是部分結果。綠色代表樹林，黑色是不可燃建築物的區域，褐色是可燃建築物的區域，黃色是擁有廣闊樹林的住宅區，這張圖的中央是綠色的皇居，也可見不少大名宅邸與寺院都有大面積的森林。周圍則是不可燃建築物的黑色包圍，遠離一些則是褐色的可燃建築物的區域擴展開來。山手線內側與周圍是舊時的藩邸遺跡、神社佛閣等有大規模的綠地，可作爲避難場所。反之，北區、荒川區、練馬區、中野區、杉並區、大田區等地區少有森林，即使有面積也非常狹小，得以當作安全避難場所的綠地相當稀少。地震後的二次災害——火災，會使住家、電線杆倒塌、道路窒礙難行、水道設備也無法使用，這些可能性極高。在這樣的狀況下，必須依賴該地的植物與森林發揮防火力，這點無庸置疑。

公園與行道樹，會因爲各種原因理由進行修剪，諸如：美感考量、落葉處理方式，或者避免觸及電線等等。而我們知道，樹枝的修剪會關係到防火力的降低，因此如何配置樹木與修剪方式，才能發揮防火力，有效防火，必須慎重考慮。

3 鳥類的樂園「東京港野鳥公園之森」

為觀察鳥類所做的準備

東京單軌電車流通中心站下車，沿著三一六號線越過京濱運河，鑽過首都高速公路灣岸線下，就抵達野鳥公園西端。這之間距離大約步行十五分鐘。正式名稱是東京港野鳥公園，面積有二十四點九公頃，是一座海上公園，於平成元年（一九八九）十月開園。

這座公園中央設置的管理事務所，將整片區域分爲東側與西側。公園管理事務所前的草地廣場前端，就是東側區域。跨過東海道貨物線之上的步道橋「磯鷸橋」（いそしぎ橋），走在林間，就會看見彷彿融入了周圍一片綠色當中的觀察野鳥與野鳥資訊的設施「自然中心」。進

圖 4　東京二十三區內的防火力分布圖的局部。從中央皇居往西，東宮御所、新宿御苑、明治神宮等，可以看見以綠色標示的大規模森林。

入建築物內部，東淡水池與潮水池在眼前展開。池子與東京灣相連。以池子爲中心，蘆葦環繞著周圍，成爲良好的野鳥棲息場所。池中直立的木頭等處，是爲了讓鳥能夠聚集其上而特別設置，因此常可觀察到河鵜的身影。

另一邊，靠近正門向右轉是西側區域，以往昔的農村爲模型建立的自然生態園區。園區中有水田與旱田、小溪流過、小面積的水田中還種植水稻。這區再往西邊前進，園內有最初建成的西淡水池。與東淡水池一樣，周邊的降雨也都會集中到池子裡，還可以觀察到多種水鳥。

海埔新生地的宿命

彷彿像要環繞公園而在昭和四十年代打造出來的森林，現在變成什麼狀態呢？爲了了解這一點，平成二十二年（二〇一〇），基於東京都的協助，我和研究室的學生數度造訪這座公園，邊被蚊子叮，邊一起調查。公園中有八十三科三百二十六種植物。儘管是海埔新生地，有這麼多種植物分布，依然讓人驚訝。其中，多數並非東京灣地區自然分布的種類，而是從其他地方移入此處栽種的。外來種（歸化植物）很多，都市中的綠地現實的一面可從此窺見。公園內的植栽起源的常綠闊葉樹林、針葉樹林與竹林等配置，草地、濕地、草坪、旱田與水田等各式各樣的植生混在一起。環境省的〈紅皮書〉（レッドデータブック，RDB）記載的準滅絕瀕危種川蒿苣和「荔枝草」等水田雜草，甚至是武藏野雜木林曾經普遍生長，現在卻很少見的金蘭也可以看到。這些種類是在建造公園時，和從其他地方搬運來的土一起帶來的，多樣化的自然形成了可以讓這些物種生長的環境，也是事實。

構成這裡的森林的常綠樹是馬刀葉椎、栲樹、椨與唐鼠黐（女楨）等，這些樹形成茂密的高木層樹冠，遍布在不少地方。有些點還可以看到刺槐、真竹、淡竹等樹林。

作爲海岸地區的自然林的栲樹和椨樹林，低木層有青木、扉（海桐）、柾等，草本層有紅羊齒、鬼藪蘇鐵、豬手、石蕗、蛇鬚草、藪柑子、藪蘭等草本種，攀緣植物定家葛、木蔦（等常綠的品種普遍生長。

不過，這裡的森林中，低木層與草木層幾乎沒有植物生長，或許可以考慮以下幾個理由：森林中光線不足，短時間內塡海造地而成的新生地的宿命——也就是保水力足，容易乾燥等兩大原因。土壤分析的結果，pH 值接近鹼性，這也是新生地特有的性質。

但話說回來，這樣的森林，也會有些屬於樹冠不是完全遮蔽的空間，其下會形成低木層，這一層是由綠化來源的樹木的幼樹構成。如果繼續成長的話，會形成「植栽樹種佔優勢的森林」，變成馬刀葉椎、唐鼠黐等自生種以外的種類，也許會長出跟這區域自然林完全不同的森林。

這座公園的森林，外表看起來是蓊鬱的森林，像是回復到自然林狀態。不過，就如同我們到現在所看到的，實際上還未從跟自然林有相當差異的「人工林」脫出。這種情況，跟同時代

東京港野鳥公園

水生植物茂盛的西園

的新生地上的森林是共同的。填海造陸形成的新生地的樹林，是與自然林的種類構成與構造不同的樹林，這在今後會持續維持很長一段時間內，想要誘導它朝向自然林發展的話，必須要改善成保水力良好的地點。藉由與沿海區域的自然林比較，構造與種類構成，從量到質的發想的轉換時期已經來臨。

藪柑子

唐鼠黐

馬刀葉椎

定家葛

石蕗

鬼藪蘇鐵

4 古利根水路與河川沿岸遼闊的「水元公園之森」

取代利根川的大工程

水元公園地區一帶，以前是利根川形成的廣大的河岸地，也是濕地帶。作爲公園開放是從昭和四十年（一九六五）起。從東京地鐵千代田線的金町站搭巴士，大概十分鐘路程，到水元公園下車，立刻就可以看到水量豐沛的水道。沿著河畔走，像太公望垂釣般悠閒地漫步，然後就到大門了。

原本這一區有利根川流過，注入東京灣。德川家康進入江戶後，開始全面整建江戶城，並且改造江戶城區。利根川氾濫，使幕府大傷腦筋，因此，建設江戶城的首要之務，就是防止洪水氾濫，在河道迂迴、水量減少的流域的沼地與濕地帶規劃新田，然後，整頓水上交通網，讓使用運送量大的船送貨到江戶能夠順利，因此實施河川替代工程。

河道替代工程開始於文祿三年（一五九四）。秀忠的時代，元和七年（一六二一）封閉淺間川，開鑿新的河道。然後，在利根川的中游栗橋（現在的埼玉縣九喜市）附近，接續渡良瀨川，接下來，挖掘連結渡良瀨川與鬼怒川的水道，承應三年（一六五四）終於流向銚子。因爲這項工程，利根川的下游，與上游截斷之後，就稱爲古利根川，利根川的水不再流經的河川遺跡變成稱爲小合溜的遊水池。這個地區，平常是鄰近村落灌溉用水的水源池，因爲是周圍田地供給水源的出入口，水的根本（日文爲「元」），因此稱爲「水元」。

公園與道路之間的地區，在過去是一片水田，現在變成住宅密集的地方，不過附近還殘留下來的古民家，有名爲「水屋」的穀倉，直到現在也還會在入口處掛著「逃生小船」（揚船，洪水時爲了避難而準備的和船），這讓人想到或許洪水的災害並不是古代才有。

水杉的奇妙歷程

公園最下游留存的水產試驗場遺址中的「權八池」，可以說是這座公園的特色之一：水生植物，有阿佐佐、海老藻、鬼菱、穗咲房藻在此生長，舊水產試驗場內，都內唯一的鬼蓮自生地。鬼蓮是一年生的蓮，有很多粗刺，只要一碰就會被刺到，不受農民喜愛。昭和四十年左右水質開始惡化，護岸工事進行中，流放了外來魚種草魚，吃掉許多水草，因此這些種類急遽減少。阿佐佐是三槲科的植物，葉片會浮在水面上，是開黃色花朵的種類，這裡也是都內唯一的自生地。曾經覆滿整片水面，但因爲阻礙釣魚，因此遭到釣魚的人大量拔除。現在東京都與市民團體協力保存此一品種。

開始在公園內散步，最先會映入眼簾的是遼闊的空間中約有一千八百棵水杉林。附近栽種

水元公園池畔

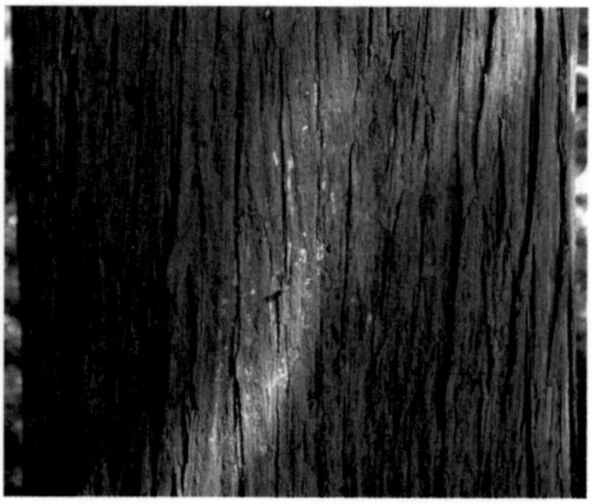

水杉對生的樹葉與樹幹

水杉林

落羽松互生的樹葉與樹幹

了落羽松。水杉和落羽松非常相似，不過水杉的枝與葉在同一點是成對生長的「對生」，落羽松的枝葉則是參差生長的「互生」排列，因此容易辨識。此外落羽松還有一項特徵，在其生長的濕地上，它的氣根會冒出地表。成片樹林的水杉，樹高二十公尺以上，直徑三十公分以上的個體林立，這個品種是在新生代第三紀時，曾在日本生長，這從化石中可以找到證據，但是昭和十六年（一九四一）時，日本植物研究者三木茂博士將此品種以「水杉」來命名，但尚未廣為周知。水杉在學校或公園是極普通、到處可見的植物，被稱為「活化石」。

第二次世界大戰，咸信此一品種已經完全滅絕，然而，昭和二十年（一九四五）第二次世界大戰末期，中國四川省將此樹視為「神樹」栽種，林務官發現此樹種，那棵樹胸高直徑有二點三公尺，樹高三十五公尺，相當雄偉，發現者四川省林務官員王戰對於山林非常熟悉，但也是第一次看見此樹。王戰將標本送往北京胡先驌博士處，三木博士與胡博士在北京會面，也交給他記載了水杉的論文。胡博士看到標本，確信那就是三木博士命名的水杉，因此在學會中發表水杉在中國生長的文章。這些資料中，視為發現「活化石」，第二次世界大戰之後傳至世界。

昭和二十三年（一九四八），種子在美國種下，發芽狀況良好。昭和二十五年（一九五〇）美國送了一百棵樹苗給日本。這些樹苗是獻給對植物造詣極深的昭和天皇。日本第一號水杉種植在吹上御苑花蔭亭的旁邊，此一品種有許多負責攝取養分功能的細根，因此根的附著很容易，並且成長很快。此一性質或許就是它能一直活到現在的理由之一。現在在公園或學校可以看到很多看起來似乎很古老的大樹，但其實都是戰後才長出來，還相當年輕的個體。

我們再回到散步吧。從水杉林繼續往前行，會遇到鳥類保護區，可以看到悠閒的蒼鷺佇立。還有鸕鷀的巢也有很多，牠們白色的糞便都會沾在樹葉上。接近服務中心，高木層是落葉樹榎樹佔優勢，下層的種類構成是常綠闊葉樹林。這種型態的樹林是在河川沿岸自然堤防的微高地區形成的特有的樹林，在水路沿岸與河川沿岸都很發達。

第二章 武藏野台地東部的森林

俯瞰明治神宮森林

廣大的扇形地・武藏野

前進武藏野東部的森林之前，我們先來談談武藏野全區（包括西部）的特徵概觀。圖5是東京都中部標高五十公尺的等高線圖，虛線是標高五十公尺，細線是每升高五公尺的等高線標示。從這等高線的形狀來看，可以清楚了解，武藏野台地大部分是以青梅爲頂點展開的廣大的扇形地。此外，坡度也極爲平緩。例如，供給江戶用水而鑿出的玉川上水，從靠近青梅的取水口（羽村市）開始，經過台地上的稜線部到四谷大木戶（新宿區新宿御苑附近），全長約有四十三公里，而高低差只有九十二公尺，就可看出其平緩程度。

那麼，這樣的扇形地是如何形成的？距今一百萬年前，此一地域大部分都在海底。在漫長的歲月中，堆積出厚厚的礫石與土砂，就是前述稱爲「上總層群」的地層。這地層在七十萬年前隆起，形成地面上遼闊的平坦地形，是七百萬平方公里的廣闊的武藏野台地的原型。這片廣大的地區，從關東山地流出的河川，搬運、堆積土砂，開始慢慢受到侵蝕。

當時河川的方向尚未固定，多摩川還是從青梅附近流過川越一處，注入東京灣。雖然無法清楚辨明是在哪個時期，因爲狹山丘陵隆起，多摩川才改變流向，變成現在流向南方，而荒川則流經北邊。

其後，東京壤土層，富士山（古富士）、箱根火山的火山灰，長期堆積在台地上，傾斜坡

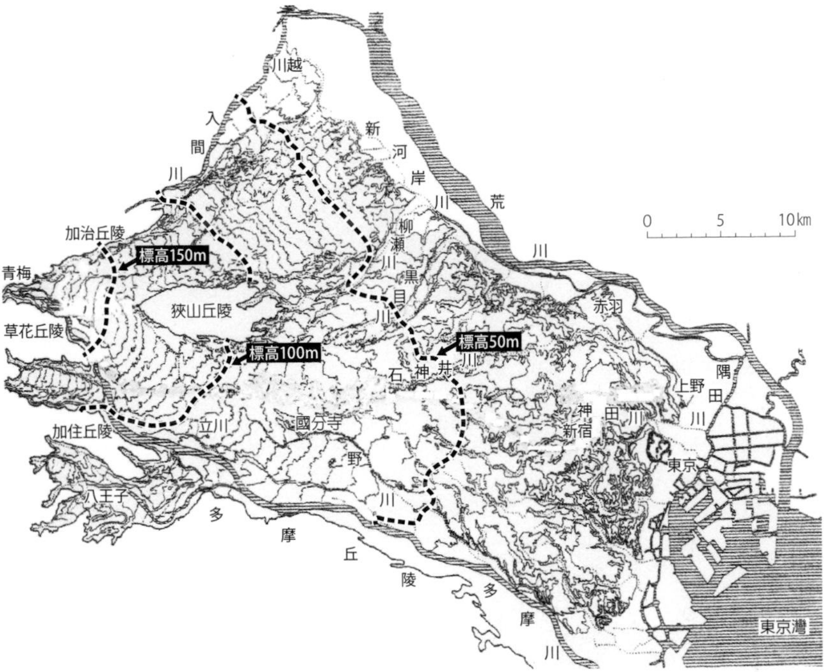

圖 5　武藏野台地的等高線分布圖（引用自渡部一二《圖解　武藏野的水路》，部分更動）

度極緩的台地東部，以湧泉爲源頭的流水形成許多河川，侵蝕了台地，使原本稱爲「台」的武藏野台地的部分，形成了谷地。

武藏野東部就是這些小河川與「台」的區域。圖6是台與河川的分布情形，包括朝霞台、成增台、豐島台、本鄉台、淀橋台、目黑台、荏原台、久之原台等等。如此這般，東部的特徵，就是台與河川形成的谷，產生複雜的地形。這片區域，從古代開始就有人居住於此，遺跡也相當多。與河川稀少、水資源貧乏的武藏野西部有極大的差異。

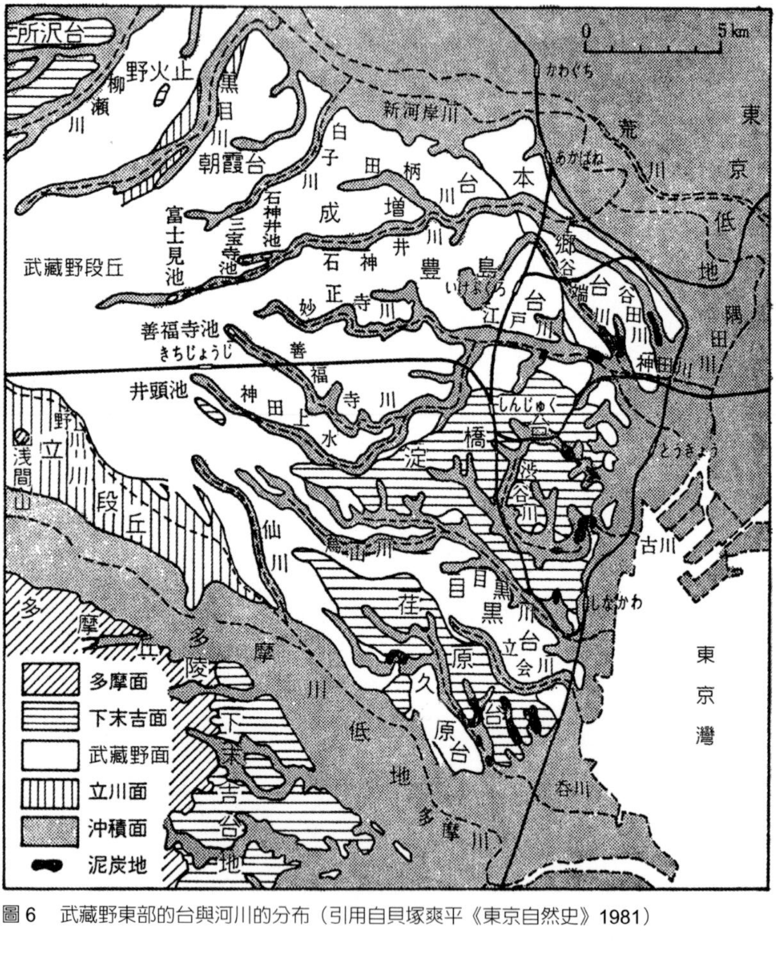

圖 6　武藏野東部的台與河川的分布（引用自貝塚爽平《東京自然史》1981）

武藏野的範圍

武藏野台地是經過長時間慢慢形成，與稱爲「武藏野」的地區多有重疊。武藏野含括的範圍到底有多廣？江戶晚期出版的《江戶名所圖繪》中指出，武藏野是「南至多摩川，北至荒川，東到隅田川、西到大岳（今日的西多摩郡檜原村）．秩父根（青梅一帶往秩父方向的聳立山丘）」，其中大部分屬於以前的武藏國。武藏國包括現在的埼玉縣全區、東京都隅田川以東，以及大部分的島嶼，神奈川縣東部的川崎市、橫濱市也幾乎都包含在其範圍內。武藏野以大和文字中的漢字來表示，有無邪志、胸刺、牟射志等寫法。根據《續日本紀》，元明天皇時代和銅六年（七一三），武岳、畿內七道諸國的郡、鄉爲對象，爲了統一各地名表記，發布了「好字令」，以漢字書寫的國名等場合，要使用字義良好的漢字二字組合，因此，這個地區就決定稱爲「武藏」。

武藏野昔日的植生

兩萬年前冰河期的氣候寒冷而乾燥，最低海平面比現在還要低一百二十公尺，平均氣溫也比現在低七度。從武藏野台地中央小金井市發現的唐松的埋沒木（埋藏地底的樹木），以及中野區江古田的埋沒木的組織解析，與現在富士山五合目可見的針葉林一樣，可以知道此類森林廣布。冰河期與舊石器時代有所重疊，當時的人類在寒冷的天氣中，居住在水運便利的河川沿岸。小平市留有舊石器時代人類生活遺跡「鈴木遺跡」，鈴木遺跡所在處，是石神井川的源流之一，應屬水源豐沛的土地。

一萬年前冰河期結束時，氣候暖化，房總半島前端區域等地殘留的，以栲樹與椨爲中心的常綠樹林開始擴大，分布在廣闊的關東地方。繩文時代的六千年前後，暖化又更甚，海平面比現在還要高兩三公尺。也就是所謂的「繩文海進」。繩文時期人類生活遺跡的貝塚，從其分布來看，可以知道東京灣蝕入武藏野台地甚深，繩文時代的人類，生活在有豐富日照、取水便利的台地邊緣。

進入彌生時代，開始耕作，採行稻作的集落國家，將近三到四個世紀，進出東京灣附近，然而定期會大氾濫的河川周邊區域，對當時仍未發展土木技術的人類來說，並非適當的居住地點。人們的水田利用有所限制，只在不會氾濫的小河周邊，以及用水方便的平坦地區，進行小規模的耕作。因此對自然的干涉極少，因此可推定栲樹與椨樹林遍布各地。

到了奈良時代，狀況有所改變。齋藤利夫、大谷希幸著的《野火止用水》中提到，靈龜二年（七一六）朝鮮半島局勢動盪不安，約有一千八百人到日本來，居住於駿河、甲斐、相模、常陸、下野等地，朝廷於是在武藏國新設了高麗郡。此地名可見於埼玉縣的高麗。天平寶字二年（七五八），三十二名僧人、兩名女尼，另外還有四十名男女，從新羅移居到埼玉縣新座市一帶定居，之後還有一百三十人一同移入。朝廷即在當地設新羅郡，也就是今日新座市的由來。

他們住在泉水湧出處的附近，在水資源稀少的武藏野台地區進行旱作，稱爲「火田」，砍伐樹木、曬乾、以火燒成灰燼，取之作爲肥料，栽種豆子、小麥，如果養分用盡，就棄置該地另尋他處。武藏野台地應該有相當長一段時間施行此種耕作法，在各處的旱田遺跡有部分用作「牧」，但大部分地區都成了灌木、芒草的生長地。因此有一段很長的歲月，武藏野是草原與灌木叢生之地。

放眼望去草原連綿無盡的武藏野是「月之名所」而被歌頌著，鎌倉時代編纂的《續古今和歌集》中源通方有首歌詠武藏野的作品是：「武藏野／無月之居憩山嶺／芒草銜白雲」。平安時代中期，菅原孝標的女兒所著《更級日記》也有：「今日的武藏國……（中略）紫丁香花開時，蘆花、荻花亦滿布，高且茂密，騎乘馬上仍高過弓之頂，撥開蘆荻穿梭而行，能見竹芝寺於其中。」菅原孝標是菅原道真的五世孫，擔任上總國、常陸國的「受領」（代替國司前往任國，實際負責該國政務的長官），他的女兒十歲左右，與擔任受領的父親一起南下，十二、三歲時，回京途中經過武藏野時寫下的描述。

我們就約略來計算一下。《更級日記》中記述的「弓」是「長弓」，長有七尺。若以公尺來計，換算爲二點一公尺。古代馬的高度較現在平均要低，但假設其高度爲一點五公尺，那在馬背上拿著弓，總高度也超過三公尺，按此推算來判斷，當時武藏野已經變成高度相當高的灌木叢生之處。因此也可斷定，要在其中穿行，實在有其難度。

平安時代的歌物語《伊勢物語》對武藏野的描寫中，名爲在原業平的男子戀上地主的女兒，作詩詠情：「武藏野今日若付之大火，新芽燃盡，我亦同燬。」從這裡也可以知道，當時的武藏野，也會焚燒草原。「武藏野」（むさしの）一詞，有一說是指「紫野」（むらさきの），紫色的原野，以訛傳訛之後成爲「武藏野」。廣闊的草原地區在旱田上燃燒起煙，被稱爲「紫雲」。另一說則是可以作爲染料的紫丁香（むらさき）是其特產，因此成爲地名的由來。

大名宅邸成為大規模的綠之島

接下來我們就開始來看武藏野台地的東部地區。江戶的開發，是將軍家光之後急速進展。根據武家諸法度的制定，大名與其家族必須在江戶定居，而多數家臣也隨著主君移居江戶。因此，江戶的人口急速成長，變成以男性佔多數的大都市。幕府賞賜大名與其身分相應的住宅用地，大石學著的《首都江戶的誕生》中提及，大名宅邸的面積，有從一萬石到兩萬石的小大名約一公頃上下的，也有十萬石到十五萬石的大名領有二點三公頃的廣闊之地。如果受封爲大大名，也就會有相應的廣大面積。

本書相關的大名宅邸舉例如下：明治神宮的地點，也就是現在的澀谷區代代木，是彥根藩井伊家下屋敷、新宿區內藤町的新宿御苑是高遠藩內藤家下屋敷，江東區清澄的清澄庭園是下總關宿藩久世家下屋敷、小石川植物園是館林藩下屋敷等等。其中最大的是江戶城（皇居）。江戶時代結束後，各大名的宅邸都由明治政府接管，其中多數轉作官廳、大學、軍事相關設施。大規模的綠地未遭破壞，大名藩邸遺跡中的自然依然保留至今。其中森林廣布的大規模空間，就成爲東京中心大規模的綠之島，意義重大。

5 記載江戶三百年歷史的「皇居・東御苑之森」

舊江戶城本丸的遺址

江戶城有不同稱呼，如江城，或者千代田城，明治維新後，名稱變爲宮城、皇居。江戶城本體所在之處位於淀橋台的東端，利用河川侵蝕而形成的谷地與台地的自然地形巧妙設計而成。我們就從江戶城之內的「東御苑」爲中心來散散步吧。要到東御苑，可搭到JR東日本、JR東海、東京地下鐵東京車站，或者東京地下鐵・都營地下鐵大手町站，徒步約十分鐘。東御苑是舊江戶城的本丸與二之丸、三之丸的遺址整頓而城，約有二十一點二公頃的地區，約佔皇居全體的三分之一廣。本丸是將軍的居住地，也同時有處理政務的場所，二之丸則是將軍的別邸、御殿等屋舍建築的所在。

複製町田市的雜木林

從車站開始，沿著桔梗濠與大手濠之間的道路前進，就到大手門。此處是江戶城的正門。大手門位於台地與新生地的交界處，繼續前行，石垣上則有蒼鬱繁茂的常綠樹林。前島康彥撰寫的《皇居外苑》寫道，此處作爲江戶城使用之時，高大的黑松、杉樹林立，城牆不分石壁或土壁，上頭都設有屏障。吉宗時代進行改造，搬移這些樹木，寬永十三年（一六三六）改建土壁。移除屏障、讓視野變得更無阻礙，這也帶有江戶城的防禦作用的意義；但另外的說法是，因爲喜歡黑松的雄偉樹形，因此直到戰前，此處風景一直都是如此。

不過，像現在一樣蓊鬱的常綠闊葉林的形成，究竟是在何時？第二次世界大戰的空襲損害，此處同樣無可避免。大手門的渡櫓與觥在空襲時燒毀，現存之物是昭和四十三年復原的，若也考量此一因素，現存的樹林極有可能屬於再造的樹林。

大約四十年前，我剛成爲大學的教員，在千葉大學園藝學部擔任助手，與教授高橋啓二先生一起調查過皇居內的樹木。當中種植了相當多種樹木，但我記得，樟樹、馬刀葉椎、栲樹特別多。現在全區這幾種樹也仍有不少。樹種之所以有限，可能因爲要在焚燒過的原野上迅速造林的關係。

進入大手門後，是同心番所（近似今日的警察崗哨），南邊還建有百人番所。這間番所是從大手門到本丸之間最大的檢查站，一百名同心常駐此處作爲警備。往南直進就是通往本丸的道路，但我們還是轉向北，往二之丸遺址前進。馬上就會看到高聳的小楢的雜木林。雖然江戶城二之丸有雜木林令人意外，但這片森林是昭和天皇的建議，從昭和五十七年（一九八二）到六十年（一九八五）期間，有計畫的依據武藏野昔日風貌的樹林種植而成。不過並不是只單純的種植小楢的樹苗而已，當時，還從因爲住宅開發而消失的町田市的雜木林中，將植物與表層土壤整個移到這裡來。土裡面有植物的根、種子、昆蟲等多樣生物，將自然形成的樹林移植到土台上打造森林，似乎也是理所當然的造林方式。

這片雜木林常常進行除草，因此林內相當明亮。如果任憑雜草叢生的雜木林，很容易長出茂密的東根笹，通常會形成灌木叢。這裡則以高三十公分爲限制，控制雜草生長。符合管理的雜木林特徵的植物類別會保留不清除，並且會細心配置生長處。現在以樹林的構造概觀來看，高大的樹木約有十二到十五公尺，以小楢佔多數，混合其他如赤松、櫟、赤四手、合歡等類樹木，樹木直徑約八到十公分，其中多數掛有寫了樹種名稱的標示牌。高木層之下則是樹高爲四到七公尺的鎌柄、澤蓋木、山法師、野茉莉、山香四處生長，其下的低木層植有鶯神樂、山杜鵑、

皇居東御苑　雜木林遠景

莢蒾、紫式部、空木等。

草本層是三十公分左右的東根笹，其上有大葉擬寶珠、柏葉白熊、山百合、杜鵑草、二人靜、小鬼百合。其中山法師、山杜鵑、柏葉白熊、山百合等武藏野台地的平地林中看不到的種類，是屬於丘陵地以上的地區生長的植物。成爲階層全體中心構成的種類，和後面會提到東村山市的「八國山」，秋留野（あきる野）市的「横澤入」等地丘陵地區的森林類似，展現出與土壤來源處的多摩丘陵町田市附近雜木林相同的性質。

穿過雜木林地帶後，相傳是小崛遠州打造出來的庭園——迴遊式泉水庭園展現在眼前。現在的庭園於昭和

皇居東御苑　雜木林

鶯神樂

紫式部

莢蒾

四十三年（一九六八）皇居東御苑公開時，是參考九代將軍德川家重時代的繪圖而重新建築的庭園。池的南側更高一層，形成土堤狀。這片森林各階層的植物，是以常綠種爲主體的台地自然林構成的種類，顯示出經過漫長歲月，自然地遷移演進所致，並且形成了與周圍隔絕的空間。

庭園東側有比周圍還要高十公尺的築山，其上還有水流形成瀑布。池與瀑布使用的水以前是遙距四十公里以上的羽村堰運來的玉川上水的水。

從築山到整片池子的景色是江戶時代大名庭園的大氣與協調，四季皆美。池的西側，有明治神宮的菖蒲田分株來的八十四種品種的菖蒲，作爲「花菖蒲園」。每一品種也都有名牌標示，五月中可說是繁花競豔。沿著築山之下的道路前行，是昭和四十三年（一九六八）種植的各都道府縣的樹。其後，昭和四十七年（一九七二）沖繩回歸，追加種植沖繩的琉球松，全都道府縣的森林於此完整呈現。

江戶城的核心．本丸的綠

再往前行，是連接本丸與二之丸的汐見坂。據說，江戶時代，可以從這裡眺望大海，因此而有此名。在此地築城的太田道灌曾經作詩詠嘆：「吾之庵，可眺望連接松原之海的富士山巔。」應該也就是在這一帶附近。

登上這斜坡，就是本丸。樹林環繞，中心則是廣闊的草原廣場。江戶城在明曆三年（一六五七）的大火中燒毀了包含天守閣等大部分城區。之後，復興街區爲優先，因此未再建天守閣。現在只留下四代將軍家綱時代，由加賀藩四代藩主前田綱紀建造的大規模的天守台。

天守台高十一公尺，東西寬約四十一公尺，南北長約四十五公尺，號稱是日本最大規模，以花崗岩打造而成。天守台的南邊曾經是江戶城的中心建築與大奧等建築的屋頂並排的場所，不過現在是廣闊的草地。

沿著天守台下的草地邊緣走，有幾處種植著少見的竹與笹，有黃色表皮、黃色線的金明孟宗竹，節與節之間呈圓形的龜甲竹之類罕見的園藝品種。據說是從皇居的吹上御苑分株種植。一經過這裡，元祿十四年（一七〇一）發生淺野內匠投長矩持刀傷害吉良上野介的事件，「松之大廊下遺跡」。松之廊是江戶城裡第二長的廊道，寬五公尺，鋪有榻榻米，隔扇繪有松樹，之所以有松之名，或許是因爲附近植有成列高約十七公尺、直徑八十公分左右的黑松。

道路的盡頭，是三層的富士見塔樓（櫓）。這座塔樓是江戶城總數十九的塔樓之一，明曆大火後，此塔樓就替代了天守閣。附近的草坪中，有果樹古品種園，種植著江戶時代的人食用的果實的古品種。西園植有「和蘋果」三種，柿子五品種，蘋果是原產自中國的蘋果「林檎」（リンキ）、高坂蘋果，還有日本產名爲「加賀藩在來」的蘋果。從照片上來看，果實不大。九月可食，味道酸酸甜甜，帶點苦澀。對已經相當習慣甜蘋果的我來說，嚐起來應該不太美味。

早春的迴遊式泉水庭園

本丸天守台繞到北邊，是北桔橋，出了門，越過馬路，北之丸遺跡，現在整頓作爲公園，樹木也相當多。與北之丸當時的池水的遺址，一起留下了近衛師團的軍隊歷史。

山百合

柏葉白熊

6 德川吉宗打造的賞櫻名所「飛鳥山公園之森」

日本最早的公園

飛鳥山公園，於明治六年（一八七三）與上野公園等幾處，同時被指定爲公園，是日本最早的公園。武藏野的東部，本鄉台地，也是繩文時代，俯瞰仍爲一片海洋的下町地區的位置。飛鳥山以「山」爲名。此處曾經是國土地理院實測結果確認爲都內北區最低矮的山。都內最低的愛宕山標高二十五點七公尺，而北區飛鳥山比愛宕山還低，只有二十五點四公尺。

一路凝視人類日常的飛鳥山櫻花

搭乘京濱東北線在王子站下車，沿都電荒川線鐵道行走的明治通出去，登上舊石神井川右側的緩坡。川對岸是王子神社。此區是秩父氏一族後裔的豪族豐島氏統領的地域。據說，豐島氏在現在的平塚神社（北區上中里）建築了平塚城。飛鳥山則在其外廓。信仰紀伊熊野權現的豐島氏，爲了護城，而祭祀飛鳥明神，也勸請紀伊的熊野若一王子到此，所以此區有「王子」之稱。

時間推移，元文二年（一七三七），第八代將軍吉宗在獵鷹的歸途上，來參拜王子權現。知悉神社的起源之後，吉宗對神社祭祀自家出身地紀州一事頗爲感激，因此將幕府御家人統領的飛鳥山一帶捐獻給王子權現。

吉宗爲了解決幕府的財務困境，因而全面鼓勵採行簡約、質樸路線，因此成爲頗受民眾惡評的將軍。然而，另一方面，他在向島隅田川堤岸、品川的御殿山，還有飛鳥山種植櫻花，開放供民眾賞花以爲娛樂，也眾所周知。吉宗從享保五年（一七二〇）開始到隔年，從江戶城內移植一千兩百七十株、從吹上御苑移植兩千七百株櫻花到飛鳥山。這片樹林成爲真正的賞櫻名所，於元文二年（一七三七）左右開放一般民眾賞花。此後，飛鳥山成爲江戶近郊的第一賞花名所。江戶末期，可說是賞櫻的最盛時期，歌川廣重的「名所江戶百景」之中，《飛鳥山北眺》爲題的浮世繪，則以賞花名所介紹此處。

二〇一五年，因爲進行實地調查而在櫻花盛開的時節來到此處。如今，園內櫻花依然林立，雖然是平日，但從早上開始，各處已紛紛展開櫻花宴。種植的櫻花大都是染吉野櫻，染井吉野櫻的花朵相當華麗，但在吉宗的時代，卻仍不爲世人所知，因爲當時的櫻花是以山櫻爲主。若欲懷想當年、體會江戶時代的賞花氣氛，我覺得應該選個地方，只種植山櫻就好。

常見的染井吉野櫻並非野生品種。昭和三十七年（一九六二）舉行的遺傳因子解析，已經知道是以日本野生種的大島櫻、江戶彼岸爲親代，雜交產生的品種。以性質來說，比日本原生

櫻花綻放的時候（圓圈內是山櫻花）

染井吉野櫻

大島櫻

江戶彼岸

品種的生長速度要快，二十到三十年就是最盛期，經過五、六十年，就會進入衰老期。此外還有其他缺點如對「天狗巢病」的抵抗力很弱。染井吉野櫻的起源，有幾種說法：一是江戶染井村（現在的豐島區）的植木屋以人工交配方式製造出來的、一是移植原在韓國濟州島上的植物到日本來的，還有是將伊豆半島與伊

合飛鳥豬手

紅羊齒

飛鳥山公園內的舊澀澤宅邸

豆大島的原生植物移植到江戶等。後來的研究顯示，濟州島的是大山櫻與江戶彼岸的雜種，而非染井吉野櫻。染井吉野櫻的親代品種開花期不同，不過，兩個品種都是野生分布，花期很長，伊豆半島天城山附近自然雜交種，某個人發現後設法取得，然後由染井村的植木屋銷售，此一可能性也許相當大。

羊齒植物的同伴

飛鳥山一帶，到明治以後，是促進近代化的重要場所。飛鳥山麓有創立於明治六年（一八七三），日本最早的西洋紙製造工廠抄紙會社（曾經的王子製紙株式會社，現在為王子控股株式會社）。公園隔壁是澀澤榮一的「飛鳥山邸」，現在兩棟建築物（晚香爐、青淵文庫）與庭園都被指定為重要國家文化財。此處見不到自然林。不過與澀澤榮一舊宅「曖依村莊」遺址的庭院連接的地區，有未經人力介入的樹林廣布。如栲樹、白樫的高大樹木，青木之類的矮樹，與紅羊齒、蛇鬚等，是此地曾經遍布的常綠闊葉樹林的主要構成樹種，在各處都可看見。

若以自然植物的觀點來看這座公園，或許無甚特別，然而此地是羊齒植物研究領域的重要場所。羊齒植物，與在比較潮濕的地域中生長的「豬手」是同類。葉子開展之前的圓形很像「豬的手」，因此才以此命名。分布在東京低地的夥伴有豬手、合飛鳥豬手、不過此處的重點是合飛鳥豬手。此一種類是在這裡發現、命名，登錄在學界上。由此推算，此區曾經有繁盛的植物，也是自然富足的場所。

7 發現銀杏精子的「小石川植物園之森」

從藥草園到植物園

武藏野台地的東部區域，本鄉台地一隅的小石川，原本是五代將軍綱吉的別墅所在地，其後，八代將軍吉宗將此片宅邸全部用作藥草園「御藥園」。享保七年（一七二二）正月，江戶麴町的町醫生小川笙船投書建議，爲江戶貧窮的病人設置醫療設施，建設「施藥院」，吉宗吩咐江戶町奉行大岡忠相在藥園內設置診療所「小石川養生所」。山本周五郎的短篇小說〈紅鬍子診療譚〉就是以此養生所爲舞台的故事。園中央的井水，原是小石川養生所使用，但是大正十二年（一九二三）發生了關東大地震時，成爲避難者的飲用水，大大發揮了作用。

人稱「甘藷先生」的青木昆陽在享保二十年（一七三五），於此地試種「薩摩芋」，因爲試驗成功，薩摩芋的栽種因此遍及全國，拯救了許多人免於饑饉之苦。

進入明治時代，設立東京大學，藥草園成爲附設的「小石川植物園」而公開。小石川植物

小石川植物園

大銀杏

蘇鐵

園是日本最早設立的植物園」，平成二十四年（二〇一二）九月，以「小石川植物園」（御藥園與養生所遺址），被指定爲國家名勝與史蹟。

平坦的台地上，種植了許多在其他地方難以得見的日本產樹種，以及許多外國產的樹種，另一方面，銜接台地的坡地，是以曾經廣布武藏野的栲樹爲中心的常綠闊葉樹林，然後是低地，多可見在武藏野低濕地分布的榛木。從台地湧出的泉水到聚集池水所流經的地方，也種植許多喜好潮濕地點的外國產針葉樹水杉、落羽松等樹木。

發現銀杏的精子

這座植物園長期以來除了作爲植物園開放大眾參觀，另一方面也提出許多研究成果。現在，一般可見的高等植物多爲被子植物，即使型態有所差異，但仍有顯眼的花朵，雄蕊的花粉傳播到雌蕊受精（授粉），然後形成種子。然而，在古老時代繁盛的裸子植物的同伴——分類爲裸子植物的銀杏，不是以花粉，而是以精子受精。這件事是明治二十九年（一八九六），擔任植物園助手的平瀨作五郎率先提出，領先全世界。從明治維新開始不到三十年間，日本拚命吸收西洋文化的時期。他的上司池野成一郎助教授同年也發現了同爲裸子植物的鐵蘇也有精子，以及受精的存在。兩篇論文都於明治二十九年（一八九六）於學會中發表。

這次論文發表，師徒間的情義，也傳爲一番佳話。平瀨不懂外語，也不曾寫過論文。另一方面，池野當時則是第一線的研究者。池野爲了讓平瀨的發現能夠公諸於世，於是指導平瀨論文的寫作方式，以及爲了記載而從最基礎開始教導他法語，然後寫成論文，並且在學會中發表。池野的人品可見一斑。結果，兩人都獲得學士院恩賜賞。當時只有已經成爲教授的池野受到推薦，池野以銀杏與鐵蘇即使有差異，但研究成績是相同的，而且也在同年發表，於是加了條件：「如果平瀨也一起的話，可以接受喔。」結果最後兩人一起獲獎。如同這番佳話所展現的，注重研究的池野，作爲指導者、研究者，其態度極爲令人敬佩。平瀨發現精子的那棵銀杏目前依然在植物園中生長，狀態完好，而在樹前也立起了說明，解釋這項成就。池野研究時使用的鐵蘇現在也保存在鹿兒島市，而其分株則栽種在植物園正門附近。

8 柳澤吉保打造、珍愛的「六義園之森」

柳澤的隱居地

六義園在石神井川南端遼闊的本鄉台，JR 山手線的駒込車站下車，徒步大約十分鐘左右就能抵達。面積有八點八公頃，是東京巨蛋的兩倍大。

六義園

此庭園是五代將軍綱吉的側用人柳澤吉保建造。吉保受綱吉重用與厚愛，綱吉並從名字中選「吉」賜予吉保而成爲他的定名。然而爲什麼會在這裡建造這座庭園呢？

將軍綱吉度過幼少期的館林藩下屋敷就在小石川植物園一地。承載記憶之處，名之爲「小石川御殿」（也稱爲白山御殿）。其後，元祿八年（一六九五），側用人吉保受綱吉封賞小石川御殿附近的土地，在此建造居所打造庭園。池中需要多量的水。小石川御殿、湯島聖堂、寬永寺、淺草寺，因爲將軍常會到訪，所以這四個地方合稱爲「四御殿」，元祿九年（一六九六）年開始引入上水。吉保與綱吉的關係匪淺，因此能得到許可，將千川上水的水引到自己的土地上來。之後，在元祿十五年（一七〇二），討伐赤穗浪士的那一年，庭園完工。

之後，寶永六年（一七〇九）綱吉逝世，吉保將多數受賜於綱吉的屋宅用地奉還幕府，只留下他精心打造的六義園，作爲隱居之地，而一直持續使用，之後歷代的柳澤家當家也都以此爲居地。明治時代，這片區域讓渡給三菱財閥岩崎家，昭和十三年（一九三八）岩崎家則捐贈給東京市。昭和二十八年（一九五三）被指定爲國家特別名勝，現在也是東京都文化財庭園。

杜鵑大流行

依據島內景二所著的《柳澤吉保與江戶之夢》一書來看，六義園之名，是吉保的和歌老師北村季吟命名的。此外，也有一說是六義園之名仿自中國詩歌的分類法（詩的六義），在《古今和歌集》的序裡也有和歌的分類有六體（長歌、短歌、旋頭歌、混本歌、折句、沓冠）之說，而成爲「六義園」由來的解釋。

自古以來，六義園就是首都住民經常到訪的地方，以許多歌詠的和歌山縣「和歌之浦」爲模仿形象，從千川上水引入的水模擬紀之川與海。現在從六義園的入口開始走一小段路之後，看到的池，就是紀州和歌之浦的「海」。然後，以橋相連的中之島有妹山、背山。同樣以「妹背山」命名的島，就在和歌之浦。如果從入口以順時鐘方向走，庭園內最高的築山藤代嶺就是紀之川的水源，從那個地方開始，紀之川的水流順向而下，最後注入海中，可在此體驗此一過程。

六義園別名杜鵑花園，自古以來杜鵑就頗受人們喜愛，《萬葉集》中也有多首詩歌吟詠杜鵑，不過，江戶時代，從寬文到元祿年間，可說是栽種杜鵑花大流行。居住在駒込一帶的植木（種在庭園中的植物）職人伊藤伊兵衛開始認真地栽種杜鵑，然後從駒込蔓延到江戶城中，在那個時代，就已經培育出不少新品種。當時，這區域是供給江戶城中植木的主要產地，在駒込生活的吉保，應該也在園裡面種了相當多的杜鵑。現在在園區裡面，還有元祿時代流行的大紫杜鵑、霧島杜鵑、八重霧島等古老的品種，此外還可以看到各式變化品種。

栲樹林的生態變遷

入口「內庭大門」一進來正面就是很有名的枝垂櫻（江戶彼岸的枝垂型），這棵大樹是六義園的一大名物，春天時會綻放美麗的淡粉紅色櫻花。從這裡順時鐘移動的話，沿著園區的圍牆，有樹高十到十五公尺的常綠樹林，其中佔優勢的是栲樹，下層有黐木、藪椿、柃樹、榊樹，再下層是青木、八手等，枝繁葉茂。周圍的森林，經過了漫長的時間，慢慢演變成該地區的自然林常綠闊葉樹林。前面已經介紹過的濱離宮的森林也是朝著楠樹林演化，不過，這裡跟海岸地域的濱離宮不同，因爲位於台地上，所以，栲樹林才是這邊的自然林。

這片樹林的內側，庭園區有櫸木、椋木、銀杏等高大落葉樹，「心泉亭」附近有樹高十五公尺、直徑八十公分的辛夷，大約同樣高度，直徑分別爲九十公分、七十公分的唐楓各一棵，這裡的唐楓可能已經有三百年了吧，跟將軍吉宗時，從中國渡海來日的濱離宮的唐楓相較之下毫不遜色。

再往前進，就是「瀧見茶屋」，那附近以前引進千川上水的水流形成的瀑布流淌，現在依然可見。當中以水分石開始，石的配置相當精采。還有爲四季增添色彩的伊呂波紅葉，開枝散葉姿態萬千。靠近池子還有許多櫸木。繼續前行，來到「吟花亭跡」，附近栽種許多六義園的代表植物——杜鵑花。看起來樹齡已經相當老的古木品種有許多，其中特別是樹高四公尺、最大直徑達十公分，有十二枝幹株狀分生的古老燈台杜鵑是壓卷之樹。在一旁築山上的「杜鵑茶屋」，明治年間，以杜鵑的古木爲材，製作梁柱，現在一部分換成百日紅。這附近已經到了園子的北側，森林的樣態與南側的樹林不太相同，有許多樹高二十公尺以上的巨大樟樹與櫸木，植栽起源的隈笹也遍布此區。渡過「山陰橋」走上小坡，就到了藤代嶺，這裡是園內最高的築山，有三十五公尺，山頂有「富士見山」之稱，從上面可以看到「大泉水」這座池，還有周邊的森林，景色富麗。

枝垂櫻

六義園從庭園打造開始，已經過了三百年，然而，長久以來縝密的管理下，六義園內一直保有造園之初的精采。

唐楓

伊波呂紅葉

燈台杜鵑的古木

9 都心僅存的櫻園「新宿御苑之森」

內藤家的下屋敷

新宿御苑東西長，幾乎接近橢圓形，面積是日比谷公園的三點六倍，有五十八公頃。位於武藏野台地東部，神田川與目黑川包夾、標高四十到六十公尺的淀橋台。昭和二十二年（一九四七）十二月，新宿御苑從皇室交到國家手中，連同皇居外苑、京都御苑，現在都由環境省管理。

江戶時代，這片區域是德川家康譜代的家臣內藤清成宅邸的一部分。內藤清成擔任德川家康進入江戶城的前鋒有功，因此家康跟他說：「你騎馬繞一圈所到的土地就都給你。」清成就依家康所說，騎著馬馳騁，東到四谷，西到代代木，南到千駄谷，北到大久保，據說這片土地都賞賜給他。當時載著主人奔馳的馬匹，筋疲力盡氣絕而亡，後來埋在櫻樹下。江戶末期文化十三年（一八一六），爲了紀念那匹馬的盡責，因而建了「駿馬塚」以資紀念，現今仍留存。

得到這片土地的內藤，後來在第七代藩主清枚之時移封爲信濃高遠城主，新宿御苑一帶就變成內藤家的下屋敷。江戶時代，以江戶日本橋爲起點的街道整頓開始，其中之一是甲州街道（甲州道市），現在的一丁目到三丁目，設置新的宿場——內藤新宿，跟其他街道比起來，途經甲州街道的旅客較少，住宿的旅客也較少，反而成爲尋歡作樂色彩較爲濃厚的地區。

到了明治，土地收歸國有，明治七年（一八七四）四月，由內務省管理。內務省在明治十年（一八七七）於勸業寮內藤新宿出張所內設置了農事修學場，以溫室等爲教室，開始授課。然而這個地方因爲空間狹窄，附近又有花街柳巷，學生很難專心於課業。這個環境不適合當作教育場所，因此明治十一年（一八七八）移到駒場野（現在東京大學教養學部的所在），以「駒場農學校」開校。後來隨著時間轉移，農學校也變成東京帝國大學。其後，根據國家的教育方針，東京帝國大學再劃分爲本科與實科。本科就是東京大學農學部（文京區本鄉），實科就是我工作的地方——東京農工大學農學部（府中市），直到現在，也還與這段歷史緊密相連。

鈴懸木道

明治政府大約於明治五年，將內藤家獻上的土地，與收購的土地共五十八點三公頃，以近代農業振興爲目的，設置「內藤新宿試驗場」。根據金井利彥的《新宿御苑》，試驗場中栽種的植物，有購自歐美的、從維也納萬國博覽會帶回來的，或者從清國輸入的植物。翌年，明治六年（一八七三）試驗場內總共有兩千一百六十三種植物。明治八年（一八七五），內藤新宿試驗場試驗繁殖的蘋果送往青森，橄欖油送往小豆島，現在已經成爲當地珍貴的物產。

此外，明治四十年（一九〇七），鈴懸木與美國鈴懸木交配而產生的雜種紅葉葉鈴葉懸木的樹枝爲插穗，轉讓給東京市。現在都內各處街道的行道樹多使用此樹，而成爲鈴懸木道。東京都建設局網站首頁的行道樹項目下寫著，平成二十七年（二〇一五）時，都內有四萬四千一百六十六株行道樹，鈴懸木類就有三萬七百八十六株，排名第五位。

苑內植有兩萬棵樹，樹幹圓周超過三公尺的，約有一百八十棵。現在苑中的喜馬拉雅雪松、鈴懸木、百合木、泰山木、月桂樹、木大角豆、落羽松等大樹是明治七年（一八七四）在試驗場中種植的。落羽松在西洋庭園西側的池畔，可以看到它有肥胖的筍狀氣根。此一樹種生長在北美南部的濕地裡，苑中所植之樹圓周約有三公尺、樹高十八公尺以上。北美原產的木大角豆在千駄谷門附近也可見到。每年六月時會開白色的花，結的果實像是長長的豆子。

百合木則在御苑東側的溫室附近，樹高三十公尺以上的樹成列種植，此樹種的日文名字有百合木、鬱

新宿御苑

百合木（左）與水杉（右）

百合木的紅葉（圓圈內是葉子）

金香木、半纏木等，會稱作百合木和鬱金香木，是因爲花跟百合花、鬱金香花相似而如此稱呼。半纏木則是日本特有的稱法，因爲它的葉子跟以前冬天時要穿的「半纏」（ハンテン）很像，而有此名。此處的百合木是明治元年（一八六八）伊藤圭介（曾師事菲利普·法蘭茲·馮·西博德〔Philipp Franz von Siebold〕學習植物學，成爲東京大學教授，任職於小石川植物園）獲贈自美國研究者墨雷的種子，在自己家裡種植，發芽、培育，長成之後再移植到新宿御苑。

泰山木也是原產於北美的常綠樹，五月末到六月初，會開大朵的白色花朵，御苑溫室附近能見到生長良好的大樹，樹高達二十公尺以上，圓周約有兩公尺。此外，巨大的櫸樹也很多。

提到新宿御苑，就不能不提櫻樹。三月末到四月初，賞櫻的人潮洶湧，近年還有許多從外國遠道而來的觀光客。櫻樹的種植是江戶時代內藤家的庭園，也就是現在玉澡池的位置，環繞其周邊的迴遊式庭園「玉川園」的周邊，據說這是最早開始種植櫻樹的地方。知名櫻樹研究者三好學的調查顯示，大正七年（一九一八）御苑裡有十八個品種，一千五百六十棵櫻花樹。現在，御苑裡各處也種了許多不同品種的櫻樹，總計有六十五種，共一千五百株，是都內首屈一指的賞櫻名所。

新宿御苑裡，有從中國南部、台灣帶到日本來的緋寒櫻，二月時會開紅色的花，從三月末到四月初，是染井吉野櫻、大島櫻，之後有八重櫻的普賢象、關山、鬱金，直到四月末都可欣賞櫻花之美。玉藻池的岸邊，還可以看到與內藤高遠藩有關的櫻花——高遠小彼岸。

御苑內遍布各處的名庭園

御苑東側，有澀谷川支流流過。御苑北側四谷四丁目十字路口附近，是玉川上水開渠部的終點，玉川上水從現今的羽村市採多摩川的水，一路流淌至此。上水前端是以石造導水管將水引入江戶市中，末端則是設置木造導水管。當時多餘的水則導入御苑一旁的澀谷川。現在於大木戶門延伸出的道路一旁，仍可見河川的痕跡。

從大木戶門進來之後直行，御苑東端市江戶時代內藤家打造出來的迴遊式庭園「玉藻池」，這是內藤家別墅的庭園「玉川園」的遺跡，據傳是安永元年（一七七二）利用玉川上水的流水完成的。

從御苑的西邊到東邊，有上池、中池、下池三座池水。池是以攔截澀谷川的支流打造而成，此三座池的周圍種植許多雪松與櫻花樹。春天時，水面映射著花影，顯示出極為美麗的景觀。在其東側，還有從左到右約長兩百公尺的成排鈴懸樹，屬於美麗的法式庭園。

下池的最下游區域，雖然不太顯眼，但有一座擬木欄杆（擬仿木頭，但實際是以水泥製作的）的小橋，此座橋是明治三十八年（一九〇五）從法國購入，也是日本最初的擬木橋。

廣闊的御苑內，隔離了周遭的喧譁、騷動，自成一番天地。圍繞其周邊的是以栲樹與白樫為主的森林，因而才能收鬧中取靜之效。沿著外柵遮斷外部的方式之所以形成，並非有意識地

玉藻池

日本最古老的擬木橋

透過人工植栽。而是栲樹與白樫爲中心，經過漫長歲月，許多常綠樹種侵入、成長而產生的結果。只是這裡還有其他如棕櫚與青木、外來種的唐鼠黐等樹木茂盛生長，可從中窺見都市裡殘存的自然共通之處。

10 滋潤大都會的「明治神宮之森」

明治神宮造營之前

從ＪＲ山手線的原宿站出來，經過神宮橋，就可看到明治神宮。明治神宮位於武藏野台地東部的淀橋台，總面積有七十二公頃，相當於十五座東京巨蛋。神宮大部分是在台地的平坦地區，但其中有澀谷川的小支流形成的谷地。三處谷地分別是北池的谷地、東池的谷地、南池的谷地，流經那裡的小河從北往東注入澀谷川。

站在神宮鳥居前的廣場，以樟樹爲主，蓊鬱、茂盛的森林聳立眼前。這片森林約一百年前培育而成，百分百的人工林。然而，雄偉的大樹林立，猛然一看，會讓人誤以爲是自然森林。談到計畫性栽種而形成的森林，可以從一百年間武藏野台地也有像這樣的森林，找到證據。我們就從松井光瑤的《在大都會造林》、田中正大《東京的公園與原地形》等數本文獻資料中，看看神宮的森林。

明治四十五年（一九一二）七月三十日明治天皇崩逝，三井創始者澀澤榮一與女婿同時也是東京市長的阪谷芳郎主導，開啓明治神宮建造運動。其熱誠終有結果，於大正二年（一九一三）三月二十日眾議院決定建造神宮。

自古以來，神社鎭座於莊嚴、寂靜的森林圍繞之中，因此，建造神宮也需要像這樣的森林。所以，是否有森林、是否可以打造出莊嚴的森林，各個可能的場所、地點，都有機會成爲候選地點。各方收到命令，紛紛向內閣、內務大臣提案，東京府內有青山練兵場跡（現在的神宮外苑）、代代木御料地（皇室所有地）、陸軍戶山學校校地、小石川植物園、白金火藥庫遺址、豐多摩郡和田崛村、御岳山等等，東京之外則有茨城縣筑波山、國見山，神奈川縣有箱根，千葉縣有國府台，埼玉縣是寶登山、飯能朝日山，更遠一點還有靜岡縣的富士山。其中，山明水秀的富士山與筑波山，受到提案的次數相當多，然而兩處環境雖然都極佳，但對參拜者而言卻都屬路途遙遠。議論紛紛之餘，在大正三年（一九一四）四月二日，最後選定了現在的地點，也就是代代木御料地。此處是彥根藩井伊家的別墅遺址（下屋敷跡），擁有江戶時代留下來的樅樹，樹圍有十點八公尺，樅樹的別名是「代代木」，因此這裡就以「代代木」作爲地名。非常可惜的是，這片參天的樅樹，第二次世界大戰時，在美軍空襲下，燃燒殆盡。

這片廣大森林形成之前的代代木究竟擁有怎樣的自然呢？御料地的西部與西南部（現在代

從神宮橋眺望明治神宮的森林

代木公園一帶）是陸軍代代木練兵場，現在的菖蒲田與清正井，是谷津田打造的庭園地區，緊鄰的參集殿到大鳥居附近一帶是小楢、櫟樹、赤松、犬四手等雜木林，留下的部分在現在菖蒲田的步道周邊可以看到。社殿地區則是赤松廣布的林地。其他地區則是農地、苗圃、草地，大約佔全體的百分之八十左右。這區域內也還有大概二十戶農家，概觀全體，建造神宮的預定地，從以前開始就是武藏野遼闊的牧歌式的空間。

要打造出什麼樣的森林，爭論不休

此區在明治十七年（一八八四）成爲御料地，其中庭園的部分在明治三十年（一八九七）時，改爲皇后的散步區域。而決定建造神宮，計畫定下來以後，御料地成爲神宮營造地的內苑，現在，神宮球場等所在地域爲外苑，參拜者走的參拜道路，也就是所謂的表參道，這些全部集合起來，建造出明治神宮。內苑的營造費用是國家提供，外苑則是靠民間捐款來籌措費用。

神宮的營造場所與地域區分決定後，接下來就是要在境內培育出什麼樣的森林。有的意見像是，如庭園般明亮的內苑，設置花壇，以四季美麗的花朵作爲敬神的御祭神。然而，大多數的意見是，要在明治神宮打造出「永遠的社」。森林必須使參拜者感受到神聖莊嚴的氣氛，使其虔敬之心油然而生。所以森林必須有相當多的樹，生長繁茂、蒼鬱才行。預定地代代木御料地與其他候選地區比起來，樹木的數量的確比較多，也是符合前述條件的環境。

當時內閣總理大臣大隈重信考慮，希望能有看起來像伊勢神宮、日光那樣雄偉莊嚴的景觀，以杉林爲主。然而，一般來說針葉樹難以抵抗煙害，當時，東京已經有工廠、汽車等產生的煙害發生了，江戶時代培育出來的樅樹與杉樹，在市內各處慢慢消失中，神宮營造局的參與人員之一，東京帝國大學教授森林學者本多靜大一開始也認爲杉林不錯，但在討論過程中了解此環境並不適合杉樹的培育，因此他從研究德國生態學的經驗中，找出對此地氣候、土壤來說，最適合的常綠闊葉樹林。在其他地區，位於標高較低之處的神社，通常社內的森林多爲栲樹和楠樹佔優勢的常綠闊葉林，這種常綠的森林，是在當地氣候條件下形成的自然林，且長久以來維持穩定，不需要人類介入也會自然更新。抱持這種想法的本多靜大與大隈重信因而爭論不休。後來本多提出證明，常綠闊葉林是此地的自然林，且並非灌木或雜木林，更以東京杉樹年輪解析結果跟日光的杉樹比較，證明了杉樹不適合在此生長。而他的解釋最終說服了大隈重信與其他委員，因此決定打造出一座常綠闊葉樹林。

打造出來的森林，必須是與神社相符的莊嚴大森林，然而這並非一蹴可幾，必須要經過時間打磨，考慮到自然力量使其形成安定的森林。在這點上，爲了朝向發展成理想的森林，必須經年累月，因此要將五十年、一百年後的變化放入考量，最後，做出四階段「預想林相圖」，圖7就是其圖示。

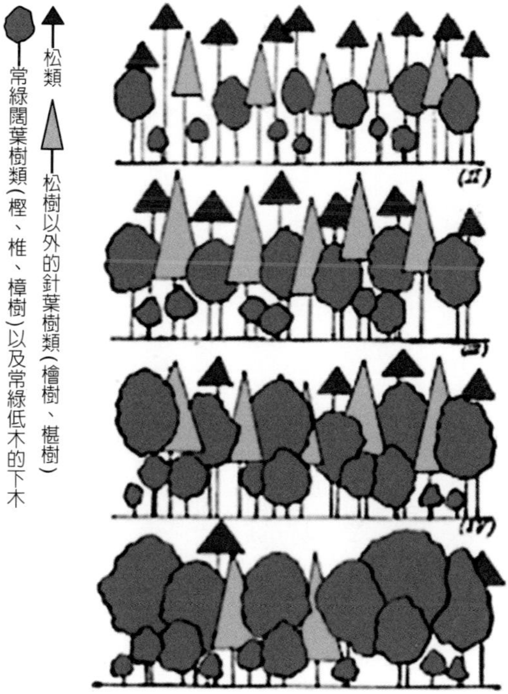

圖 7　明治神宮的森林化模式圖（引自「明治神宮御境內林苑計畫圖」）

根據「預想林相圖」，第一階段是暫時的「假設的森林」，高聳的高木層主要配置是赤松與黑松，其中交雜著生長較迅速的檜樹、椹樹、杉樹、樅樹等較低矮的針葉樹，下層則是種植將來佔優勢、形成森林的栲樹、白樫、赤樫、樟樹等常綠樹，最下層則是配置灌木類。第二階段最上方樹冠佔主要的松樹類，會被檜樹、椹樹等生長勝過，而開始逐漸乾枯。數十年後，檜樹、椹樹等針葉樹會取代松樹類，成爲最上層的樹種，而原來的松樹類只會零星存在作爲點綴。第三階段，下層種植的樫、椎、樟樹等常綠闊葉樹生長，成爲主要樹種。在這一時期中，前一個時代佔優勢的杉樹、檜樹、椹樹、樅樹等大樹混生。黑松、櫸樹、銀杏等也參雜其中。第四階段，樫樹、椎樹、樟樹等類生長更盛，一百五十年左右會變成自然林的樣貌。而且爲了不要變成單調的森林，在植栽計畫不產生矛盾的條件下，尖聳的黑松、椹樹、高野槙，然後還有新綠、紅葉等，讓背景的針葉樹的深綠譜出濃淡，也會種植觀賞用的銀杏、榎樹、槭樹、櫸樹、犬四手、椋木等。

委員會也對神社周邊的建築物設下限制，因應防火策略，在一定的距離內，建築物必須取得警察的許可，而取得許可的建案，屋頂必須用不可燃的防火材料；且爲了要保持環境的靜寂，因此禁止設置工廠、墓地、火葬場、風月場所。再者，神宮與外部的境界附近，也就是外周部，在計畫中，是於神宮用地的周圍建築高一點五公尺、寬一點五公尺的土堤，對外部來說，有防火、防塵、防噪音的功能，並且在其上種植犬黃楊，形成圍籬。綜合這些條件，開始打造神宮森林。

明治神宮蓊鬱的森林

呼籲國民捐獻而得的「獻木」

在這片廣大的土地上，要如計畫打造出一座森林，所需要的樹木的量，多到難以想像。概算一下所需數量，大概至少要有十二萬棵，但現在才開始培育樹苗，時間上根本來不及。因此，栽種的樹木必須要從其他地方取得。檢討到最後，在短時間內想要蒐集到這麼多樹，決定採用「獻木」的方式——呼籲全日本國民捐贈樹木。結果，南到台灣、北到樺太，大正四年（一九一五）四月上旬，開始將樹木運送過來。鐵道會社與海運會社也願意共襄盛舉，運費減半。大正六、七年，在神宮用地內設置的搬運平台，據說每日有三十輛以上的貨車進來。

神宮營造局請東京府捐贈黑松一千棵、白樫一千零七十五棵、栲樹一千零七十五棵、檜一千四百棵，然後還有樟木五千棵運達，但這些應該是台灣為了要製作「樟腦」而栽植的樹木。這些現在已經在苑內各處長成宏偉巨樹了。當時屬於御料地，也就是今日的自然教育園，移植了五百七十五棵，這批樹木的運送，是等到夜深人靜、電車都停止運行之後，才開始作業。運送的過程非常辛苦，像是移動器材的輪子必須在電車的線路之間行進，還有必須要在首班電車之前就完成作業，以免形成電車運行的障礙等等。順帶一提，在大鳥居旁生長的粗大赤樫，就是當時從自然教育園運送來的樹。

種植計畫預定種十二萬棵樹，詳細內容如下：在現地培育的樹木原來就有一萬三千兩百九十二棵，購入的樹木有兩千八百四十棵，捐獻的樹木則有九萬五千五百五十九棵，所有植栽的樹木有百分之八十六都是捐獻得來，在這麼短的時間內可以達成目標，實在讓人感到驚奇。當然，除了聚集樹木之外，種植工作也必須同時進行。這些也需要龐大的經費與人力。因此，營造局在各地青年團召募協力者。結果有一百八十九個團體，一萬一百一十二名個人，總數達十一萬人參與。而植栽方式也盡量以自然的樹形來配置，不會讓人感受到違和感。經歷這些過程，造成計畫從大正四年（一九一五）決定、動工，到大正十年（一九二一）完成。

其後，森林看起來順利成長，然而大災難卻已經虎視眈眈。也就是第二次世界大戰的空襲。昭和二十年（一九四五）四月十四日襲擊的B29在這片土地上投下一千三百三十發燒夷彈，其中約有兩百發左右投在環繞社殿周圍的玉垣，因而燒毀了部分的社殿。其餘是從種植以來接近三十年的森林地區。不過，因爲林區內土壤柔軟，因此燒夷彈刺入土中而未爆炸起火的也頗多，再加上很多是不易燃的常綠樹，因此也阻擋了燒夷彈火勢延燒，甚至還有滅火的作用。樹木充分發揮了其具有的防火機能。神宮森林之後就再也沒有遭遇大災害，順利地成長。

漫步神宮森林

我們就從原宿車站開始漫步神宮森林吧。從原宿車站出來，越過神宮橋，進入門裡，在清潔整齊的玉砂利道前進，兩旁是成列延展的白樫與欅樹的景色。仔細觀察，每一棵白樫是以等距離種植。這是在營造時，東京市作爲捐獻的樹木的白樫。稍微前行有座橋，可見澀谷川的小支流。周邊則是伊呂波紅葉（日本紅楓）和欅樹爲主的落葉樹，春天會有嫩葉，秋天會有紅葉，色彩繽紛互相爭豔。再往前一點，左側有保有武藏野雜木林風情的森林廣布。

森林前方左側有座小建築物。明治天皇的皇后昭憲皇太后特別喜愛的庭園（明治神宮御苑）的入口。進入裡頭，此處並非人造森林，而是以前本來就有的雜木林保留下來，直徑達三十公分以上的小楢與櫟樹生長的落葉闊葉林。再往中央走去，就會遇見池子，這裡是皇后數度造訪的「隔雲亭」。在雜木林之間的谷津田跡，有明治天皇爲皇后打造的菖蒲田，此處種有

大鳥居

菖蒲田

一百五十種、一千五百株的菖蒲，其中有部分分株則移到東御苑的菖蒲田去種植。沿著菖蒲田的小道走，終點是「清正井」，現在仍有清水湧出。二〇〇九年，電視節目中曾介紹此井爲「能量點」，此後，假日就人潮擁擠，必須出動保安人員維持秩序，管理交通。

再回到來時的道路，參道上有座大鳥居，這座鳥居有一說是第二代，以戰前日本統治時的台灣阿里山連峰的山上採伐，並運送到此的台灣紅檜製作而成。前幾年，我因爲樵林調查而到台灣北部的巴陵，那時曾遇到巨大的台灣紅檜，以天然紀念物留存下來。那天夜裡，同行者拿出戰前日本人大量採伐巨樹，並以森林軌道運輸的照片給我看。很可惜的，現在這片區域已經無法採得樹徑較粗的樹木。過往歷史的斷面來看，聽到這段話，讓我對台灣人的歉意油然而生。

從大鳥居一帶開始，大而繁茂的樟樹非常顯眼。通過大鳥居，走到盡頭，向右轉朝本殿的方向前進。拜殿前方是兩棵樹形完整的樟樹聳立著。這也是來自台灣的樟樹。參拜之後，轉向結婚式場的道路，則有片以常綠闊葉樹白樫爲主的遼闊森林。蓊鬱的樹林中植物不多，階層構造並不發達。再左轉前行渡橋而過，前方則是寶物殿，寶物殿之前是大片草坪廣場。走過草坪，又會走進森林中。建設初時種植的檜樹、椹樹雖然被常綠闊葉林蓋過，但到目前爲止仍然繼續生長。這片森林中有許多種植物成長，階層構造也很發達，看到這裡頭的各種植物，就會忘記這片森林原本是人造森林這件事。再走上一段距離，就又來到一開始鳥居的所在地。

百年後森林的轉變

平成二十五年（二〇一三），爲了紀念「明治神宮鎭座百年」，在神宮境內實施綜合調查，明治神宮出版了此份調查報告。根據這份報告，打造森林經過一百年後，一如當初的計畫，以樟樹、白樫、栲樹爲主的樹木生長旺盛，已經成爲東京都內規模最大的「綠之島」。平成二十五年的調查中，神社全區植物，有種子植物五百八十六種、羊齒植物七十四種，這比先前（昭和四十五年到四十七年調查）的三十四種還要多上一倍。

這座森林，位於都內高樓大廈環繞的熱鬧街區，吸引許多遊客前來，從打造之初，經過百年，現在已經成爲從外觀看來幾乎接近自然林的樣貌。樹木的成長也十分順利。現在森林大部分是打造當時栽種的樹木形成的高木層，十分茂密，因而射入林中的光線相對稀薄，所以也讓階層構造並不發達。不過，在缺少高木層的區域，已經開始孕育出次世代了。

今後也會遵循此一原則，樹木的枯榮循環不止，這片地域的森林也會變化不斷，更朝向自然林發展。讓我們拭目以待。

11 持續記錄自然生態的「自然教育園之森」

虎尾鈴懸草的發現

JR山手線目黑站一出來往東走約六百公尺，鑽過首都高速道路下方、一過東京都庭園美術館前，就抵達國立科學博物館附屬自然教育園的入口。都營地下鐵三田線的白金台車站也離這裡不遠。這裡是武藏野台地東部，河川與海侵蝕而成的低地，往南突出到淀橋台南邊的半島狀區域的邊緣，標高爲十六到四十公尺。教育園的面積約有二十公頃，園內有切入台地的谷地，與連接谷地的坡面。昔日特徵保留得相當完好，還有富於變化的地形。

參考櫻井信夫所著《自然教育園》與其他資料，彌生時代開始到古代這段歷史雖然不甚清楚，但室町時代末期，文獻中就有「白金」之名的紀錄。戰國時代永祿二年（一五五九），移居到江戶城的太田道灌的曾孫統領此地，之後，變成由上杉氏、北条氏統領。江戶時代之初，有段時間，是由芝增上寺管理，寬文四年（一六六四）水戶黃門德川光圀的哥哥松平讚岐守賴重的下屋敷，在下屋敷中設有藥草園，五代藩主賴恭時，命令當時最先進的蘭學者平賀源內到這座藥草園工作。

順道一提，最近，在自然教育園中發現了一種名爲虎尾鈴懸草的植物，這種植物是胡麻葉

自然教育園之森（圓圈內是虎尾鈴懸）

草科攀緣植物，每年，在水鳥之沼附近會綻放美麗的紫色花朵。此一種類分布區域從中國地方到九州、四國都有，但是關東地區則無。因此，有一說，是因爲四國出身的平賀源內帶到關東來的。

明治時期，松平氏將土地上呈明治政府，但那時候大名庭園的大部分都已經破壞、消失。明治八年（一八七五）這裡設置了海軍的火藥庫，當時海軍在園內部中央濕地種植作爲火藥原料的立柳仍殘留著。其後，移交宮內省管理，如前所述，爲了打造明治神宮的森林，從園內移送五百七十五棵樹到明治神宮用地去。大正十年（一九二一），御料地的一部分，約有三點二公頃分割出來，建築朝香宮邸。戰後成爲外務大臣官邸與民間的迎賓館，現在則變爲東京都庭園美術館。

園中大部分區域，長久一來都一直是御料地，到戰時，則成爲爲了增加糧食生產而開墾的對象，變成了番薯田。北邊的濕地則曾試種稻米。園內也建造了多達數百座的防空壕。所謂的非常時期，開墾與建設防空壕，讓這片園內的森林幾乎瀕臨滅絕狀態。戰爭結束後，環繞周圍的「黑塀」一夕之間剷平，管理統治逐漸消失的社會情勢下，有許多樹木都被砍伐殆盡。

昭和二十四年（一九四九）文部省開始負責管理此處，確立管理方針爲「保護、保存自然教育園的原狀，且提供學校與社會一般利用」，該年十一月三日，以「國立自然教育園」開始向一般大眾開放。同年，也被指定爲「史蹟名勝天然紀念物」。昭和三十九年（一九六四），爲預備東京奧林匹克運動會，建設首都高速道路二號線，劃過園區周圍的一部分，結果，自然園的西側被切分開來，成爲三處畸零地。

自然教育園的「自然」樣貌

園區周圍土堤環繞，道路兩旁與屋敷遺跡等也有土堤，土堤現在高度大約爲二到四公尺高，如果以土堤的寬度來推算的話，以前的土堤高度應該還要更高。土堤上種植的栲樹、赤樫都是老樹，樹齡約有三百年左右。此處種植應該是爲了阻擋冬季的季節風，同時也考慮到防火作用，發揮「火伏木」的效果。在這片樹齡極長的繁茂森林中，經過長久年月，各式各樣的植物侵入、成長，而形成彷彿自然林一般的森林。

穿過大門進入園裡，與土堤上的風景殊異，小道兩側是櫸樹、栲樹等高聳的樹木林立，種有紫式部、金縷梅、小臭木等植物的教材園。早春時，此處會開出山吹草、二輪草、節分草、編笠百合、海老根等各種美麗的花。

再往前進，道路一分為二，為了觀察園內整體，向右轉較為方便。園內大部分區域都與先前所提的土堤大異其趣，高木層有相當顯眼的赤樫、小楢、水木等落葉樹，其下的亞高木層有金新木薑子、白樫、柃、栲樹、赤樫，常綠樹相當蔥鬱，再更下方的低木層與草本層則不發達，幾乎難以見到什麼植物。小道盡頭是稱作「物語之松」的大樹，從江戶時代的庭園遺留下來的。小走一段，抵達鴛鴦休憩、草龜生長的「瓢箪池」。這座池子是谷地地形源頭的終止之處，江戶時代是這座園子的中心。面對瓢箪池的台地高低落差有十公尺以上，是非自然侵蝕而成，在樹木仍相當稀少的往昔，在這台地之上，似乎可以一眼盡收庭園構成要素的瓢箪池與周圍低地，或許也曾建有涼亭。

池子周圍一代曾經是谷地，谷地形面積頗廣。在那裡設有「水生植物園」，種植了蘆葦、香蒲、三槲等植物為首的濕地植物。這一代的水域還有鱂、脂魚等生長。平成十二年，人類無意中帶入的外來種藍鰓太陽魚、大口黑鱸也在此處繁殖。因為擔心原生種因此而滅絕，園內採取大規模外來魚捕獲作戰策略，將水放乾，保護原生種，讓池子乾燥而使外來種無法生存，結

土堤上的赤樫老木

果，現在變成沒有外來種的環境，原生種也重新復育。

先前提及作爲火藥原料而種植的立柳在水生植物園小道另一側可見。是樹齡相當老的樹木，一部分已經腐朽傾圮，但仍置於原處而未清除。沿著濕地前進然後一百八十度大轉彎之後，就會走到「武藏野植物園」。這裡有福壽草、片栗等春之妖精與多摩寒葵等，可以了解武藏野的自然。然後是「小鳥之森」，有野鳥喜歡的莢蒾、紫式部等野生種遍布。再沿著小徑前行，有據說是庭園時代遺留下來的巨大黑松「大蛇之松」。樹齡也有相當歲數，上面因爲遭雷劈而有損傷。附近一帶還有許多赤松、黑松，可以知道，這裡曾經是松樹林。

最後來到供給濕地的水源區「水鳥之沼」。「水鳥之沼」在遊客步道之中，原本很接近高速

金新木薑子

片栗

春日的瓢簞池

道路，車子的聲音相當清楚。園內在這片區域之外的地方，因爲種植植物而有阻斷聲音的效果，跟此處比較，可以清楚了解植物發揮此項功能的程度有多少。附近還有不少高大的小楢，殘留著古代雜木林的樣貌。盡頭就是水鳥之沼，附近有先前提到的虎尾鈴懸草的生長地。從那裡走入小道，會經過土堤剷平的場所，然後就到「館跡」。土堤上方有許多老栲樹。

森林在變動

在第二次世界大戰中已然荒廢的自然教育園，昭和二十四年（一九四九）以後，因爲保護策略奏效，順利地回復自然。教科書中所寫「已經有土壤、安定的場所，持續森林化」，也就是所謂的「二次遷移」進行中。

自然教育園到昭和四十年（一九六五）之後，開始調查園內全區樹的胸高圓周達三十公分以上的樹木。昭和六十二年（一九八七）開始五年間，也舉行同樣的調查。這裡就讓我們看一下福島司、萩原信介的〈變動的自然教育園之森〉中展現的森林變化。

昭和四十年（一九六五）全區有三千八百九十二棵樹木，十八年後，昭和五十八年（一九八三）變成兩倍七千五百七十九棵，再到平成四年（一九九二）之後，個體數急遽增加，平成十九年（二〇〇七）已經達到一萬八百七十二棵。全體來看，增加的趨勢很明顯（圖8上）。然而，落葉闊葉樹，從平成十四年（二〇〇二）到平成十九年（二〇〇七），個體數可說相當激烈地減少（圖8下），這是因爲水木大量枯死。

水木於昭和五十八年（一九八三）增加之後，到平成十四年（二〇〇二）約有一千四百棵，狀態穩定。然而平成十六年（二〇〇四）以後，急遽枯死，平成二十年（二〇〇八）減少了七百八十一棵。這是遭受黃腳毒蛾的食害結果。黃腳毒蛾的幼蟲啃食樹葉，會讓一棵樹接近光禿，然後便移往另一棵樹，是這種害蟲的習性。儘管有不少樹因爲樹葉一度被啃食殆盡而枯死，但影響更大的是園區因爲周圍建築物環繞，形成了密閉空間，因此，園區幼蟲每年反覆採食，而使枯死的樹木數量急遽增加。關於蟲害的實際情況，在矢野亮、桑原香彌所著的《在大都會中喘息的常綠闊葉樹林》中有相關介紹。

常綠闊葉樹以白樫、金新木薑子、栲樹爲主的增加傾向顯著。昭和四十年（一九六五）階段，

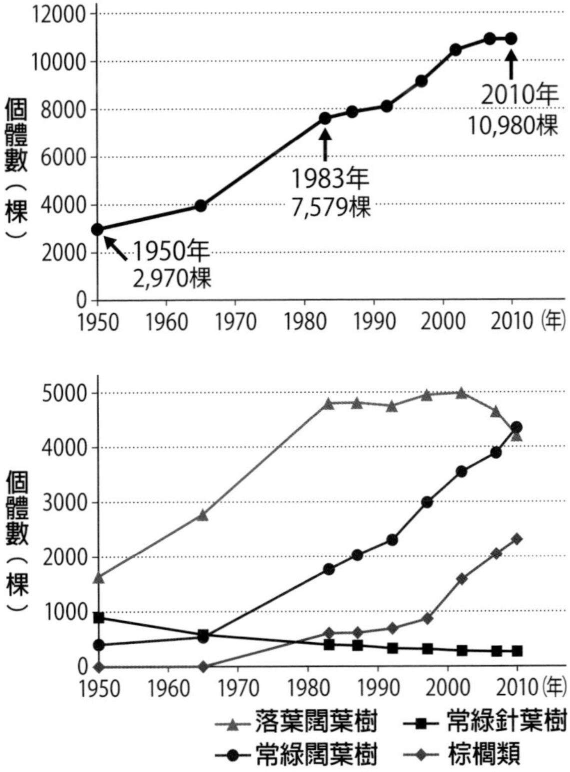

圖 8　自然教育園的樹木總棵數的年度變化（上）
與生活型別棵數的年度變化（下）

僅約五百二十八棵，十三年後增加三倍，達到一千七百八十三棵，平成十九年（二〇〇七）變成三千八百九十棵，四十二年間增加了七倍。園區迅速朝向常綠闊葉林進展，相當明顯。棕櫚類的增加也很顯著，這是都市中孤立殘存的森林的特徵。靠著來訪的鳥兒散布種子，然後發芽、成長。

園內的突發事件

園內偶有非預期的突發事件發生。平成二十六年（二〇一四）二月十四日到十五日，東京都都心降下四十五年來罕見的大雪，降雪與積雪導致園內產生嚴重的「冠雪害」。所謂「冠雪害」是指在無風狀態下，打濕枝葉的雨變成黏著劑，然後，雪降下來附著在枝葉上，樹冠部分就承受很大的壓力，若重量無法承受時，枝葉或樹幹就會折斷，屬於氣象災害。

掌握這類氣候異常導致的災害，對自然教育園的森林動態是重要的考量。大約一個月後，園區百分之三十的區域裡舉行災害調查，結果發現，受害的樹主要集中在森林裡構成亞高木層的樹種。

在冬季裡仍然保有樹葉的常綠闊葉樹，佔壓倒性多數，所有被害樹木十八種之中有十四種，全部兩百七十三棵中有兩百四十七棵（百分之九十點五）。常綠闊葉樹包括金新木薑子、栲樹、白樫受傷慘重，這三種佔兩百七十三棵的百分之五十九點七。另一方面，落葉闊葉樹三種，兩百五十棵（百分之九點二）數量僅佔全體的百分之十以下，不過伊呂波紅葉是其中壓倒性多數的受害。造成這種狀況，大概是因爲此一樹種的枝葉密度高，因而容易使雪附著。

此後森林會變化成哪種樣貌，必須嚴密觀察。

12 樹木的樣本園「林試之森公園的森林」

林業試驗場

東京都立公園「林試之森公園」，於平成元年（一九八九）六月開放，此處原來是國立研究所「林業試驗場」的遺址。「林試之森公園」周圍全是住宅區，距離最近的車站是東急目黑線武藏小山站，從車站西口出來，沿著小山台高校與住宅區之間前進，就會抵達「林試之森公園」的入口。其中有許多彎彎曲曲的小路，不過因爲入口不止一處，因此即使在小路間迷了路，最後還是能抵達公園。

「林試之森公園」位於武藏野台地前端的目黑台，面向海洋，位置在高度略低的地方，標高爲十二公尺。橫跨目黑區與品川區，附近以「小山」爲名的地方不少。這座公園比周圍地區還要高出一截。以前受流過北方的羅漢寺川侵蝕而僅留下這片地區。公園的東西寬有七百公尺，南北長有兩百五十公尺，總面積爲十二點一公頃，形狀細長。整體來看，比羅漢寺川侵蝕的北側更加陡峭。

公園的前身是林業試驗場，歷史久遠。明治三十三年（一九〇〇），購入目黑村的私有地，命名爲目黑試驗苗圃。目黑村當時人口有八千三百三十三人（明治四十一年），算是荒涼的小村落，還可以看到狐狸跟兔子。五年後，明治三十八年（一九〇五），林業試驗所創設。其後，約有七十年的時間，持續進行樹木、森林的相關研究。昭和五十三年（一九七八），林業試驗場移轉到現在筑波研究學園都市（筑波市）。試驗場內有許多樹木同時被搬運到新地點去，但是還有許多無法移植的大樹就依然留在原處。然後，就決定以東京都的公園「林試之森公園」來重整此地。

適合作為「樹木様本園」的地點

明治三十七年（一九〇四）出版的《林試概要》（林業試驗報告第一卷）中，記載園中種植了日本產樹木様本三百餘種，外國產樹木様本九十餘種。輸入的鈴懸木兩種、梣葉槭、歐洲梣、神樹等，從明治八年（一八七五）到九年期間種植。昭和六十三年（一九八八）的調查紀錄中，園中植有木本植物六十一科兩百七十九種，草本植物四十九科一百八十種。其中，外國產樹種約佔百分之二十二，外國產草本佔百分之十三。

公園與「樹木樣本園」之名相映襯，就是在明治時代種植的大樹的樹種，還有許多巨大的日本樹木。

從距離武藏小山車站最近的地點水車門入園，登上東側的小山，可以看見三棵很大的樟樹。樟樹分布地在台灣與北九州爲中心，具有防蟲效果的「樟腦」就是以此樹爲原料提煉出來，廣島縣宮島的大鳥居，也是用此種樹的木頭來製作。公園裡有直徑一點一到一點五公尺，高度十五公尺左右的樟樹三棵，並列一起。這樹種在九州到處可見，但在關東地方原本並無。順帶一提，千葉縣香取郡神崎町的神崎神社也有巨大的樟樹。江戶時代，當地人未曾見過這種樹，也不知其名稱。因此，沒有辦法，就以「不是那種也不是這種樹」來稱呼，好作爲跟其他樹木的區別。

公園中央有園區裡最大的一棵樟樹（直徑一點四公尺、樹高三十公尺），這棵樹附近立有石碑，標示了此處曾是日本林業研究的據點。

儘管附近一帶並沒有其他相近的大樹，但可以看到原產於中國的杜仲，它的種子可以榨油、樹皮可以作爲補藥。公園地形在中央一分爲二，南北向延伸而成窪地。走過橫跨中央窪地的橋，下方有池水不斷流動，據說此處曾經是湧泉流出之處。池中有黑鴨優游。周圍種植了水杉、落

林試之森公園

羽松。過了橋稍往前行，有百合木大樹（直徑七十公分，樹高二十三公尺），附近還有支那百合木。支那百合木是明治初期發現的品種，花只有百合木的一半大，花瓣上並沒有百合木花朵上可見的橘色斑點。

再往前走，出了「森林廣場」就是服務中心。中心旁邊有直徑一點三公尺、樹高三十到三十五公

鈴懸木

紅葉葉鈴懸木

尺的三棵鈴懸木。西側則有兩列鈴懸木行道樹。新宿御苑也有雄偉的行道樹，而此園中的行道樹規模並不亞於此，讓人感受到園區的久遠歷史。這座公園的招牌之一，就是此棵大樹。這裡的鈴懸木據說是津田塾大學的創立者津田梅子的父親親手種植，不過，尚屬未證實的說法。鈴懸木也稱作篠懸木，鈴懸木是學名（屬名

Platanus），篠懸木之名是因爲一根樹枝只有一顆球狀的果實（毬果），就像山伏配戴的篠懸裝飾，因而獲得此名。

鈴懸木有兩種，一種是毬果只有一個，葉片的切痕較淺，樹皮無法剝開的美洲原產的美洲鈴懸木，另一種是分布在歐洲東南部到喜馬拉雅，特徵是毬果會有三到五個，葉片切痕較深，樹皮會零星剝落的鈴懸木。然後還有這兩種雜交，在英國誕生的紅葉葉鈴懸木。毬果有二到三個，葉片切痕也在兩者之間，剝開樹皮的話會有褐色、灰色、乳黃色的斑點，完全就是母樹特徵的中間值。此一雜交種耐乾燥、修剪，因此常常被當作行道樹種植，現在也是鈴懸木的代表品種。

服務中心附近的行道樹西側，在移轉之前，有許多建築物，不過現在已經成爲廣場。

然後，再更西邊，是分布在西亞高地的黎巴嫩雪松（直徑九十五公分，樹高三十五公尺），有些傾斜，但仍持續生長。此品種從古代以來就因各種用途而被採伐，因此現在自然林很少，已經變成瀕臨絕種的樹種，非常珍貴。

黎巴嫩雪松與喜馬拉雅雪松比較的話，樹枝不下垂、葉片短且稍硬，葉的綠色較淺。樹皮的特徵則完全不一樣。也許只有在這座公園裡，可以清楚比較出兩樹種的差異（可參考下頁圖片）。

此區還有兩棵日本原產的楕樹（直徑六十公分，樹高十五公尺，另一棵是直徑九十五公分，樹高二十公尺），此品種與武藏野雜木林的代表樹種櫟樹有些許類似，不過，兩者相較，椚樹的樹皮較厚、有軟木質而具彈力，葉子背面有濃密的細毛，因此很容易辨別。

此外還種植了與椚樹同屬山毛櫸科的櫟樹、小楢，附近還有類似的樹木，榆科的櫸木和榎木，柏科的檜樹和椹樹，因此這些樹種之間的差異，很容易透過比較而清楚理解。

「森林廣場」的南端有成列的櫸木。櫸木是日本原生種，沿著河川坡地種植的品種。關東壤土層似乎是合適的土地，在古老的農家，常可見種來作爲宅邸林木的大樹。園區裡的櫸木行道樹是明治三十三年（一九〇〇）左右，從各地購入，然後交由農家培育，作爲宅邸的林木，樹齡已超過百年。東京郊外的街道兩旁，江戶中期的新田地開墾時代，種植出櫸木林蔭道，大部分雖然已被砍伐，不過，在園區裡仍留有昔日的樣貌。

我們一路介紹到此，這個園區內，有許多歷史悠久的外國、國內樹種的大樹生長，此外，還能夠比較相當接近的樹種，也是特徵之一。許多樹種都附上標籤，因此，很容易判斷、辨別。

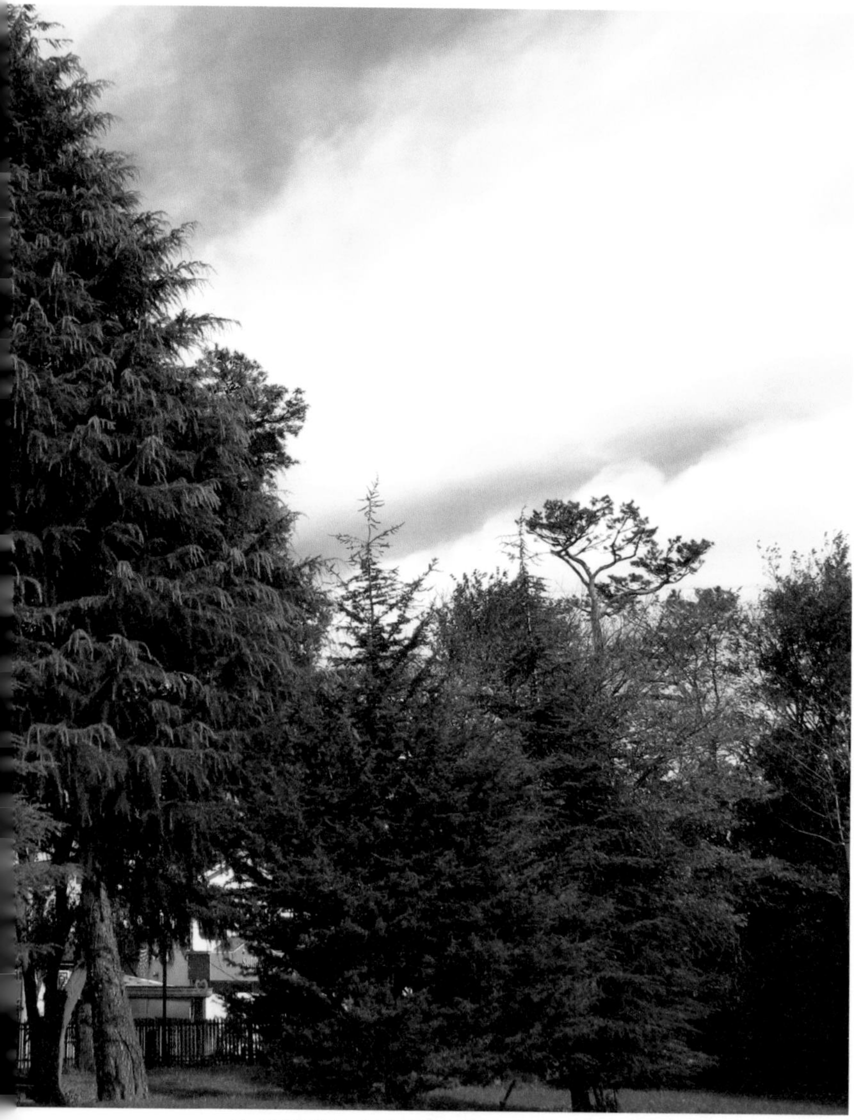
喜馬拉雅雪松（中）與黎巴嫩雪松（左、右）（攝於一橋大學小平校區）

喜馬拉雅雪松的葉與樹幹

黎巴嫩雪松的葉與樹幹

13 樹形優美的「石神井公園之森」

武藏野三大泉水池之一

石神井公園位於石神井川支流弁天川的上游，以三寶寺池、石神井池為中心，面積有二十二點六公頃。搭乘西武池袋線到石神井公園站，是距離公園最近的方式。下車後往南邊的道路右轉前進約五十公尺，會碰到四岔路，往左側繼續前進，會變成下坡，朝低地的道路前行，就會抵達公園的最東端，石神井池的尾端。這裡留有弁天川長期侵蝕的河道遺跡。園內有三寶寺池、石神井池，下游的石神井池（船池）、三寶寺池一帶指定為風致地區時，為了保護三寶寺池與武藏野的景觀，因而阻斷弁天川，造出此人工池，原先則是水道。池的南側樹木林立，地形傾斜，北側有開放式的步道，緊鄰的坡地也極靠近住宅區。

石神井公園約有七千五百棵樹木，是座綠意盎然且寧靜的公園。三寶寺池是石神井川的水源之一，從古早時候開始，與井之頭池、善福寺池，並稱武藏野三大泉水池。三寶寺池的部分濕地帶，在昭和十年（一九三五）以三寶寺池沼澤植物群落，被指定為國家天然紀念物。平成八年（一九九六）環境廳（當時）選定「想保留的日本聲音風景百選」，也選入了「三寶寺池的鳥、水、樹之音」。

從兩座池子流出的弁天川，在一公里左右的下游處，稱作「龜尾」的地方，與南側的石神井川合流。因此，公園南端被石神井川與弁天川蝕刻出舌狀的台地狀地形。

室町時代，統領這一帶的豐島泰經在這片台地建造了石神井城。或許因爲南北爲濕地環繞，屬於容易防禦的地點，因此文明九年，豐島氏在對戰太田道灌時戰敗。傳說，城被攻陷之際，豐島泰經的女兒照姬就投身在三寶寺池。練馬區在昭和六十三年開始，每年舉辦「照姬祭」，以紀念照姬。

石神井池與三寶寺池

下游石神井池北側，有行道樹枝垂柳，直徑達一公尺，相當宏偉，不過樹幹漸漸腐朽的不少。另一方面，南側地區高聳的樹木林立，形成了對照景觀域。池的周邊是蘆葦、真菰（茭白）、姬蒲叢生，而其周圍則是生長繁盛，高度達普通人身高的荻的群落。

石神井池東南側已經變成廣場，有許多樹高二十五公尺以上、直徑八十公分以上的櫸木，下方則是約十公尺左右的栲樹。相連的坡地與台地上有高聳的黑松、年代久遠的雜木林的遺跡，其中，櫟樹高二十公尺以上，直徑超過五十公分，形成一片明亮的森林。林中可看到常綠樹種的青木，但卻較少東根笹。

石神井公園

石神井城址

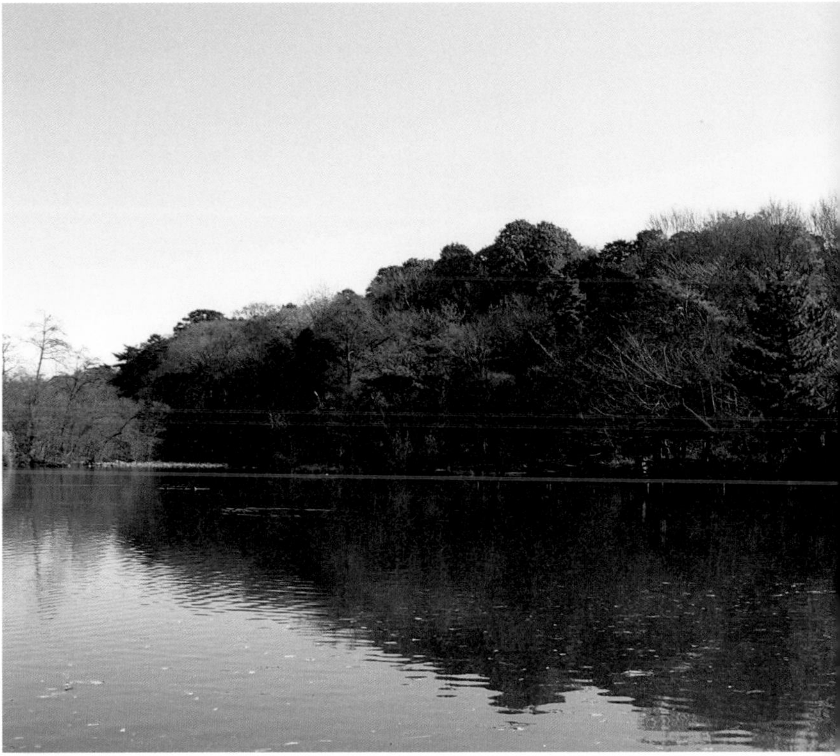
三寶寺池

藪椿

犬四手的雄花

藪蘭

榛木林

離池中島不遠處，有座舞台，舞台附近鄰接池畔一帶，是樹高三十公尺以上、直徑達一公尺的水杉、落羽松、櫸木等高聳的樹木，此外，樹枝也從未修剪，完整保留了自然樹形。池中有日本萍蓬草群落，再來繼續往前走，朝著連接上井草的道路走到底，走過道路之後，就會看見一片雜然無序的空間，跟目前一路走來的人工空間完全不同。這是水池周邊原本的風景。馬上就走到小瓢簞池，靠近蘆葦群落的是樹高十公尺左右的榛木。在那前方就是三寶寺池，三寶寺池自古以來就是來自於武藏野台地的地下水湧出之處。

稍往池畔走，池子南邊的台地有「石神井城」遺跡，留下了空濠與土堤，檜和小楢及犬四手和櫟樹混生的雜木林廣布。城址的對面，境內有打掃整潔的冰川神社。背後有二十五公尺以上的櫸木爲中心，椋木、白樫茂盛生長，其下有藪椿、青木、藪蘭、蛇鬚、木蔦等常綠闊葉樹。再往前走，池子中間有嚴島神社，是這池子的名勝風景之一，可以找到許多照片或介紹。

三寶寺池北側的平地有櫸木，坡地到台地跟南側一樣是小楢和櫟樹等雜木林，水邊低地是水杉。池中的島上，有現在少見的濕地林榛木的群落。那一帶還有貴重的水生植物，爲了保護這些水生植物，於是打造了沼澤植物群落，進行保護活動。

公園中從台地到坡地，留有雜木林，然後到銜接池子的平坦地區則是櫸木與水杉、落羽松等外來針葉樹樹林廣布，池中的島則有榛木林，池畔是蘆葦、真菰、姬蒲叢生，面積頗廣。因此，地形變化相對產生的植物帶狀分布，此處可提供觀察。公園中培育的樹木，與其他公園也不一樣，幾乎不施以人工修剪。儘管非得特意寫出這點不可，讓人有點悲傷，不過，在其他公園鮮少看見的自然樹形，這裡反而是絕佳的觀察地點。

14 神田川水源「井之頭公園之森」

以池為中心的三個區塊

JR中央線、京王井之頭線的吉祥寺站，沿著南側的商店街走約一公里，十分鐘左右，就會到達井之頭池。這座公園是在大正六年（一九一七）以「井之頭恩賜公園」之名開園。以井之頭池爲中心，橫跨三鷹市與武藏野市。

從青梅開展的扇形地、武藏野台地，海拔五十公尺左右的這一帶，因爲河川侵蝕而形成谷地。一般來說，在谷地的上游區，谷頭會形成湧出泉水來的池子。此處就是以此種池子爲中心而延展開來的公園。

公園可以分爲三大區塊，各區有獨特的特徵。第一個區塊是西部的御殿山地區，中央有都道通過，從吉祥寺站那邊看過來，右側是井之頭自然文化園的動物園，左側稱爲御殿山，有以小楢、犬四手、櫟樹和野茉莉爲主的落葉林，加上針葉樹椹樹和赤松交錯而成的雜木林。這片

井之頭公園

辛夷

樹林因爲沒有低木層，因此視野不受阻礙，行走其上的人不少，因此林床也多見裸地。雜木林朝向井之頭池傾斜且擴展開來。

第二個區塊是以井之頭池爲中心的地域，比周圍稍微低一層，西北向東南延展的細長形。這片水池是神田川的水源，過去曾有多達七處的湧水口，因而也稱爲「七井之池」。池周圍的平地，有櫻樹、水杉等形成的樹林環繞。公園內的弁天池北側，染井吉野櫻的大樹枝葉延伸到池子上方，開花時，會成爲美麗的景致。這裡的櫻樹是神代植物園的職員在昭和二十三年（一九四八）從大島帶回來的大島櫻品種爲台木播種，然後昭和二十五年（一九五〇），嫁接到染井吉野櫻的穗。染井吉野櫻所具有的特殊屬性。鄰接的斜坡上，有以小楢爲主的落葉樹林，禁止人進入，所以跟御殿山不同，林內有許多白樫、青木、八手等常綠樹生長，呈現變遷的狀態。

位於池西側的弁天島祭祀著弁財天，根據傳統，平安時代中期就已經祭祀弁財天，其後，源賴朝祈禱能平定東國，願望實現後，改建此處作爲謝禮。之後就一直維持原樣，直到德川家光才再建神社。

第三個區塊是玉川上水包夾的區域，稱作西園。有陸地競技場與網球場，許多人會利用此處。玉川上水沿岸，有採取自然演變的管理方式的小鳥之森。這區的一角，就是三鷹之森吉卜力美術館。

「井之頭」誕生的由來

池的西端，有處名爲「御茶之水」的地方。德川家康汲取此處泉水泡茶，誇其爲「此水是關東第一名水」，因此而取得此名。之後，三代將軍家光在武藏野一帶獵鷹時，於面對井之頭池的雜木林廣布的區域設置住宿所，在此休憩，因此稱爲「御殿山」。記錄德川幕府歷史的《德川實紀》中記載，家康在寛永二年（一六二五）舉行的狩獵，獵到鹿四十三頭、兔子一隻等。爲了狩獵，要將此地農民逐出是很困難的事情，或者爲了讓狩獵變得比較容易，特地將獵物驅趕到這一區來，不過，此處自然生態豐富之說，未必是假的。

家光在此度過悠閒時光，讚賞此處泡茶的泉水，在「辛夷」做的木頭小刀上刻下「井之頭」（第一井的意思）。傳說中，後來刻字的那段木頭被切下，成爲弁天堂的管理寺天台宗明靜山大盛寺的寺寶，卻因爲遇上火災，而付之一炬。「辛夷」與樹高十公尺左右的木蓮是同類，屬於落葉闊葉樹，分布在日本全島與朝鮮半島南部。在武藏野的雜木林中也常可發現。早春時，花會比其他植物早開，葉子與白花都有木蓮科特有的香氣。辛夷（コブシ）一名的由來，是因爲它的果實很像人類的拳（コブシ）。紅色的種子，浸漬在燒酌中，變成淡紅色的果實酒，也有不少人喜歡。

供給江戶市民重要民生用水的神田上水

提到井之頭公園就不能不提的是，池中的水是「神田上水」的水源，上水是供給江戶當時大眾的飲水。這裡的水會作爲上水來使用，據說是三代將軍家光晚年到四代家綱初期。池的最下游區，瓢簞橋附近有堰，作爲上水的取用口。此處是神田川的起點，石造水門仍保存至今。幕府將井之頭地區劃爲官地，水源附近的山林嚴格控管，禁止採伐。井之頭的水，於明治三十一年（一八九八）淀橋淨水場的「改良水道」完成之前，一直都負有江戶引水水道的重責。其後，也並未退役，直到第二次世界大戰後，池塘湧泉仍以汲水幫浦運作，供給玉川上水使用。

明治十五年（一八八二），爲了讓池畔有水源涵養機能，因此種植了一千棵杉樹樹苗，其後也陸續種植。然而昭和十九年（一九四四），作爲水源保護林的樹木，樹齡已有八十年，卻遭受大量砍伐，砍去一萬五千棵。原因是在太平洋戰爭中遇害的人，需要製作棺材的木材。這也是悲傷的歷史片段。

井之頭公園周邊盡是商店街與住宅區，偶爾在行人稀少的時刻，走在往公園的坡道上，會產生跨越時空、回到江戶之感的人，是否只有我呢？累積了豐厚歷史的井之頭公園，不妨找天到此一遊吧！

第三章
武藏野台地西部的森林

春日的野川

由崖交織而成的風景

本章討論的武藏野台地西部地域，佔武藏野的大部分面積。起伏平緩，河川稀少，是這區的地形特徵。

這片台地，自古以來是由受到多摩川、荒川等河川侵蝕，從山地留下來的土砂堆積而成的扇形地，因此地面平緩綿延。

貝塚爽平所著《東京的自然史》中提到，六萬年前開始，在堆積物的上方，是古富士與箱根火山的火山灰沉積而成、厚厚一層的關東壤土層；三萬年前，境內火山灰飄降減弱，飄下的火山灰下層是武藏野壤土層，上層是立川壤土層。兩層堆積出來武藏野面（武藏野階地【段丘】），而多摩川侵蝕武藏野面，形成了比這裡更低一段的立川面（立川階地），這裡只有立川壤土層堆積。兩階地之間則是稱作「崖線」（ハケ）的崖，武藏野面與立川面之間是「國分寺崖線」，立川面與多摩川氾濫平原之間是「立川崖線」（府中崖線）。堆積面與崖線的關係，請參考圖9的地形剖面模式圖，國分寺到府中市之間，可以看得一清二楚。

因為厚厚堆積的火山灰粒子極細，一下雨就變得泥濘，乾燥時大風一吹就漫天飛舞。再者，空隙多，保水力弱，雨水會立刻往下層流動，因此土地乾燥。所以，武藏野台地上不容易取得水。室町時代開始，就在台地上開發水源，然而，到江戶時代中期，水源開發才真正開始有所

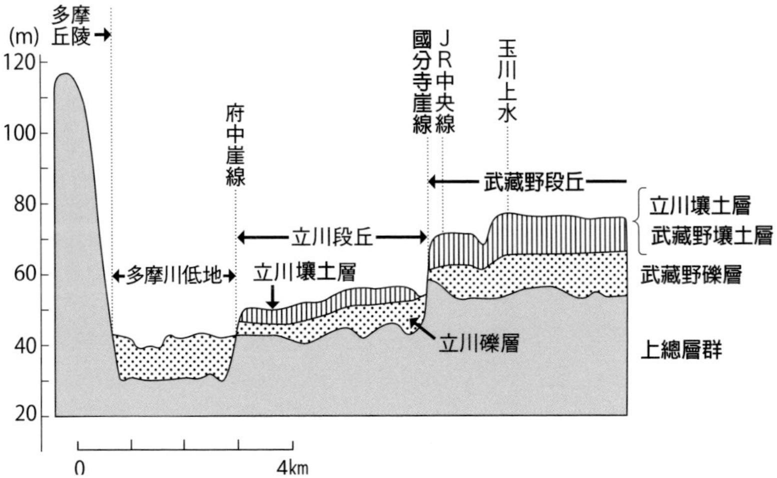

圖 9　從國分寺市到府中市的地形剖面模式圖（引自貝塚爽平《東京自然史》）

進展。人們在缺水的環境中，為了取得生活用水，因此會挖掘深井。從深井中汲水是需要大量勞動力的工作，所澤一帶，必須承擔汲水工作的女性，讓人深感同情。因而有「即使要嫁人，也不要嫁到所澤」的諺語，充分顯示井到底有多深。JR青梅線羽村站北邊的熊野神社境內，留存著保有昔日樣貌的「まいまいず井」。「まいまいず」的意思是蝸牛，是這地區的方言。因為井邊的小徑是一圈一圈環繞著往下，因此得到這個名稱。

武藏野台地西部的新田開發，得自玉川上水的助益良多。上水的建設工程是承應二年（一六五三）四月四日從羽村開始，直抵新宿御苑前的四谷大木戶，共四十三公里，標高差九十二公尺，該年十一月十五日完成。包含閏月，前後共花八個月左右的時間，工程進展相當迅速。以人工作業的方式，在地面挖出U字形溝渠，各區域負責部分工事，徹夜

不休的進行。夜裡觀測星座方位決定水路方向、利用線香的光點消失不見的地方來測量高低差，據說也會使用燈籠照明。讓人驚異的是，水路的位置，是沿著武藏野台地之中最高的山脊而過。從最高處通過，這樣分水給周邊就會變得較容易。

江戸中期，因爲已經可以分水，乾旱的武藏野台地的開發就能持續進行。新田的開發就徵召周圍農家的次男、三男來負責。開發出來的新田地就由開發者的出身地或者名字來命名。五日市戸倉來的人開墾的就是戸倉新田（國分寺市），狹山丘陵附近的迴田來的人開墾的是迴田新田（小平市），小川家開墾的小川新田（小平市），鈴木家的鈴木新田（小金井市）等等都可爲例。現在該地也都還留有當時的地名。

開墾後的土地分配是以道路兩側，細長的長方形來區分、分配。主要道路則是從新田正中間穿過，兩側種植櫸木。面對道路的住宅地，背後則是耕地（田），再來是林地。開墾地區有大規模的道路建設，然後生活道路附屬其中。在這片新開發的田地區域散步，可以發現，開墾地中的通道有一個共通點。方向不同的道路會集中到一個地方，而成爲的「五岔路」。「五岔路」的痕跡可以在東村山市、小平市、國分寺市、小金井市、府中市等江戸中期開墾的各個區域間看到。在交叉點周圍，也就是人類聚集的地方，因此，多少都有交流的場所。

武藏野的雜木林（平地林）

柊南天

火刺木

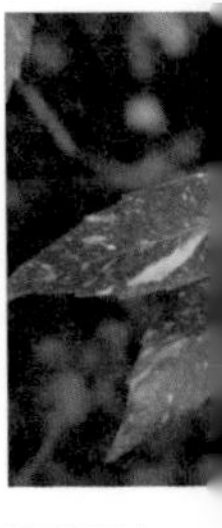

斑葉青木

武藏野的雜木林是平地林

武藏野的雜木林，是人類爲了生活而打造出來的森林。一般來說，有樹木的地域稱爲山林，但精確來說，山林是分布在山地中的樹林。武藏野台地這樣的平地上分布的樹林，稱爲平地林。該地區的人則以「やま」來稱之。本來並沒有「雜木林」這個名詞，無法作爲建材的林木叫做「雜」，因此，有許多「雜」的樹林就變成「雜木林」。雜木林此一名稱是因爲出現在國木田獨步的小說中才普遍化。

武藏野從室町末期開始開墾，大規模砍伐森林，結果，到了冬季，沙塵漫天，眼睛幾乎無法張開。人們稱這種風爲「赤風」。爲了要防赤風，因此開始打造雜木林，開墾面積增加，樹林也隨之增加。江戶時代，武藏野地區已經成爲人口持續成長的江戶人的重要燃料、食物供給地區。柴薪的生產、落葉堆肥，雜木林的價值受到重視，江戶中期之後，便積極地打造雜木林。

在缺乏遮蔽的平坦地面上，大面積開墾新田、居住的人，以冬季季節風不斷灌入的北側爲中心，在屋子周遭打造以白樫爲主的常綠樹林來當作宅邸的林子，藉此遮斷北風，建築面向東方的房子。宅邸的林子稱作「樹籬」（くね），種植的林木可以作爲柴薪與其他目的使用。被稱爲「高大的蒽」的樹林，不僅只作爲防風林，保護屋子免受冬季強烈的季節風吹拂，也有防止火勢蔓延、減少火災的功用。

現在可以看到的雜木林與宅邸林木的風景，是經過長久的時間，自然與人類交互影響累積而成的風貌。然而，與人口過密地區鄰接的都市近郊的雜木林，不免遭到濫伐的命運。武藏野台地上，砍伐樹木、利用推土機整地，立刻建造房屋。再加上所有者繳納繼承稅而賣屋的稅制問題緊逼之下，結果，都市近郊的雜木林消失、面積急速縮小、零散化。

殘留下的森林停止利用，白樫、青木、棕櫚等特定樹種異常增加，藉由自然之力進行生態遷移。周圍種植的孟宗竹、淡竹等竹林侵入雜木林，並且擴大，外來植物柊南天、火刺木、青木等也越來越常見。像這樣，以前的雜木林中不會出現的品種也大量生長，雜木林量的削減之外，還有質也急遽變化。

15 呈現多種樣貌的「神代植物公園之森」

環狀綠地計畫

神代植物公園是昭和三十六年（一九六一）開園。總面積四十八點八公頃，都內唯一的都立植物公園。可藉由JR中央線三鷹站或吉祥寺站、京王線調布站轉乘公車抵達公園。公園的地勢上屬於武藏野台地的武藏野面邊緣，到國分寺崖線接續立川面。國分寺崖線有歷史久遠的

神代植物公園的玫瑰園

深大寺。來到公園的人，可以在園內觀察、散步之後，從深大寺門去參拜深大寺，然後吃一碗「深大寺蕎麥麵」，這路線頗受推薦。

回到正題。公園的建造之初，是昭和十四年決定的「環狀綠地」計畫。爲了皇紀二六〇〇年紀念事業，決定打造大規模的「環狀綠地」。以東京車站爲中心，半徑二十公里的區域內配置綠地、每塊綠地間隔約四到八公里，共選定了六個地方，從前面已經介紹過的水元公園地區開始，還有都內的砧、篠崎、舍人、小金井，以及神代植物公園。這些綠地也有爲了防空設置的「防空綠地」

機能，成爲預定地的神代地區中，也包含許多屬於農民持有的雜木林與田地。

第二次世界大戰開始後，雜木林也遭開墾，轉爲農場利用，種植馬鈴薯等作物，生產出來的東西，作爲井之頭自然文化園等動物園的飼料，或者「勤勞奉仕」的學生的點心。

戰敗後，「農地解放改革」的推行，全部面積的百分之七十三則解放作爲農地使用，其餘地方，就改作爲了戰後復興而培育的苗圃。

其後，東京都爲了從長祿元年（一四五七）太田道灌建築江戶城以來的五百年紀念，於昭和三十一年（一九五六），計畫建設「都立植物園」。候選地點有砧、小金井，還有神代三個地方。昭和三十二年（一九五七）最後選中了神代，昭和三十六年（一九六一）神代植物公園正式開園。位於公園的「本園」與道路包夾的北側有「植物多樣性中心」，然後稍微遠離一點的深大寺城址遺跡的低地，有遼闊的「水生植物園」。現在「本園」有四千八百種、十萬棵植物種植在其中，植物又依各自的性質與種類分門別類栽種在不同的區域。

廣及三大區的神代植物公園

正門前廣場上，成排的櫸木高大挺拔，直徑有六十公分到一公尺，這裡的櫸木有跟搬運相關的故事。這些樹是從多磨靈園附近，因爲道路拓寬而不要的樹木移植到此處，當時，樹高已經有十八公尺，考慮到要盡力保存樹形，不要過度修剪，直接搬運過來。因爲樹枝擴展的幅度相當大，因此不在日間搬運，而選在半夜中運送。但在靈園入口處的石材店，還是弄倒了幾塊墓石，之後發生必須賠償的情況。

一進入公園，右邊就是針葉樹林，以便於比較國內外樹種的方式來配置。這座針葉樹園中，有平成六年（一九九四）澳洲瓦勒邁國家公園發現的瓦勒邁杉（學名 **Wollemia nobilis**）聳立眼前，這種植物是從兩億年前活到現在的活化石。樹林的前方是大溫室。最近大整修，裡面的植物配置全部重新調整。展示著結了果實的木瓜等熱帶、亞熱帶植物。

公園的一大特徵是玫瑰園。一點六公頃，約有四百個品種，五千兩百株玫瑰。花期從五月到六月初，然後是秋天的十月，各式各樣的玫瑰競相爭豔。據說野生的玫瑰，北半球大約有一百五十種，紀元開始之前就已經開始栽培，現在全世界約有兩萬品種以上的玫瑰。玫瑰園北側有野生的古老品種的玫瑰集中規劃區，依各品種的生長歷史年代順序栽種。其中據傳是一八六七年製造出來的拉法蘭西（La France）會散發特別的濃郁香氣。

武藏野雜木林的昔日風貌

爲植物園代表的玫瑰園的東邊，佔地遼闊的「雜木林」保留了昔日武藏野的面貌。因爲定期會進行砍伐，因此形成視野良好的明亮森林。

以前，此地區據說有許多杉樹、赤松，慶應元年（一八六五）深大寺的本堂燒毀之際，爲了重建本堂，把這裡的樹木砍伐殆盡。雜木林原本有許多小楢、櫟樹，小楢的葉子呈顛倒的雞蛋形，樹葉邊緣有鋸齒狀，長形的橡實長在椀形的殼斗上，櫟樹的葉子長，葉緣有針一般透明的鋸齒開展。橡實是圓形的，大小約爲小楢的一點五倍，椀也長有許多刺。

冬天葉子落盡時，兩種樹樹皮樣貌的差別十分顯而易見。我以觀察時的「く」與「コ」的法則來說明。兩種樹的樹皮，都有縱向的裂痕狀形成「谷」，此外，也都有「山」的縱向紋路。假設切開樹幹，從上往下看的時候，山的部分尖起來，就像平假名的「く」的樣子的是櫟樹，而「山」是平的像是「コ」狀的是小楢。用這種方式可以簡單區別兩種樹。

出了雜樹林，就來到上坡路，是連接到深大寺的斜坡。這斜坡是從國分寺、小金井市一直連續的國分寺崖線。深大寺的名字來自於稱作深沙大王的水神，擁有防止疾病、遠離魔障的力量，《西遊記》的三藏法師，渡過流沙河時，也得到大王拯救。深大寺的名字，原本是深沙大王寺的縮寫，然後「深大寺」之名廣傳全日本，可說是因爲門前有二十多家蕎麥屋相連不斷，而以此聞名。蕎麥這種植物，有一說是八世紀時，經由朝鮮半島傳到日本來。元祿時，村民們將蕎麥獻給上野寬永寺的門主，第五世公弁法親王。親王非常喜歡，此後，這裡的蕎麥就被稱爲「獻上蕎麥」。深大寺有大規模的種植蕎麥。然而，國分寺崖線湧出的深大寺泉水非常冰冷，

本園東部遼闊的雜木林

櫟樹的葉子與果實

小櫧的葉子與果實

林內兩種類：櫟樹（左）與小櫧（右）

用這水來攪拌蕎麥，可以做出美味的蕎麥麵，因此有要吃蕎麥麵就到深大寺這樣的說法。

常見行道樹花水木的傳說

雜木林北側一帶，也配置了槭樹園、花水木園、櫻花園、萩園、山野草園、海老根園、紫陽花園、杜鵑花園等。花水木園中種植的花水木，在各地常常可見用作於行道樹、庭園林木。這品種本是原產於北美洲，在當地被稱爲「dogwood」。之所以會有這個名稱，是因爲當地傳說這樹的樹皮拿來煎煮，可以治療狗的皮膚病。

我們來看看花水木傳到日本來的過程吧。日俄戰爭之際，日本政府希望能盡快結束，因此拜託美國總統羅斯福作爲調停人。在羅斯福的斡旋之下，戰爭結束，明治三十八年（一九〇五）簽訂樸茨茅斯和約。當時東京市長尾崎行雄爲了感謝美國的盛意，後年，將日本的染井吉野櫻贈與美國。但因爲一開始贈送的櫻花樹並未受到謹慎的管理，在長途的航程中染上病蟲害，因此一抵達港口，未通過檢疫就直接送去燒毀。聽到這事，尾崎決定再度致贈。大正元年（一九一二），二度送往美國。這次採取嚴謹的管理，所以第二趟旅程平安無事的抵達了，這批櫻花就種在波多馬克河畔（Potomac River）。現在河邊仍然綻放的櫻花，就是當時的染井吉野櫻的後裔。

大正四年（一九一五），美國回贈白花的花水木，幼苗分配到學校等機構。從送抵日本到現在已經超過百年，第一代的樹木幾乎完全沒有留下來。然而，最近電視節目中報導，東京都立園藝高校培育了當時的個體，而成爲話題。初抵達時，這樹種與日本水木科的野生種山法師屬於同類，因此就以「美洲山法師」來稱呼，或是因爲是水木的同類，而它的花很漂亮，所以就稱爲「花水木」。其後，兩種名稱混在一起，因此就有人稱爲「美洲花水木」。

現在各地種植的花水木是以種子或者扦插方式而增生。與這樹種相近的是日本原生種山法師，兩者的葉子很像。不過，也有很明顯的差別。花水木的花期是四月下旬到五月上旬，相似的山法師花期則是五月下旬開始到六月。花水木看起來像花朵的部分其實是花瓣下的花萼，真正的花朵是質樸地在內側綻開，花萼的前端內凹，看起來像四枚花瓣。另一方面，山法師花萼的前端則是尖銳的角，遠遠看就像「忍者的手裡劍」。還有，花水木的樹皮會像柿木那樣小小的分裂，表面粗糙，山法師的樹皮則呈光滑狀。

東京都的行道樹有九十四萬四千一百六十六棵（東京都平成二十七年調查），其中花水木有六萬兩千六百二十九棵，在都內行道樹排行榜上佔第一名。這樹種不耐熱，因此通常在西日本無法種植。即使在東京，夏天的溫度也是樹木較難承受的熱度，因此樹木壽命一般說來都不長。這種樹在春天會開大朵的花，秋天會結紅色的果實，樹葉也會轉紅。而更重要的是，不會長得過大，樹枝也不會廣闊延展，因此容易管理。或許因爲這些特性而受管理者喜愛，但作爲

花水木

行道樹，數量實在有點過多。等到開花季節時，幾乎到處都可以看到滿開的花水木。就以行道樹的變化來看，日本原生種的山法師，應該也要更受重視、種植數量更多一點。

當我浮現這種想法的那一天，竟然就發現了種植山法師當作行道樹的地方，是JR中央線飯田橋車站南邊的早稻田通。在那裡看到昂然的純白花朵時，有一瞬間懷疑自己的眼睛，但也滿心激動。

過了花水木園之後就是櫻花園。裡頭有許多品種，如關山、普賢象、子福櫻等。作為

花水木的花與果實

山法師的花與果實

公園獨有的櫻花，就屬「神代曙」。這是江戶彼岸種，與染井吉野櫻一樣以江戶彼岸爲親代，不過，顏色比染井吉野櫻更偏紅。樹是美國的華盛頓市送來的樹枝以嫁接方式培育而成。雖然以「曙」稱之，但與原來的「曙」性質不同，因而在平成三年（一九九一）以「神代曙」重新命名。

園區內還有許多染井吉野櫻，這是昭和二十三年（一九四八）從伊豆大島帶來的大島櫻的品種，以此爲台木播種，兩年後，用染井吉野櫻的接穗來嫁接而培育出來。井之頭公園弁天池北側的染井吉野櫻的行道樹也是歷經同樣的過程培育出來，再移植到那裡去。

保留中世城郭遺構的深大寺城遺跡與水生植物園

出了深大寺門走下坡，就會抵達深大寺城遺跡與水生植物園。深大寺城是十六世紀前半，小田園北条氏與扇谷上杉氏的攻防戰中，扇谷上杉氏建築的城。城建築於武藏野面之上，周圍區域受多摩川侵蝕，形成島狀地形。此座城有三個郭，配置在一直線上。中世城郭空濠等遺跡留存得很完整。這座城的構造是關東戰國大名建築的城郭變遷，因而更顯貴重，平成十九年（二〇〇七）指定爲國家史蹟。

此城的核心是從深大寺所在的立川面登上山坡，來到武藏野面的地方。坡上是與神代植物公園等高的武藏野面的大片平緩地形。這裡是城的二郭。現在一部分變為蕎麥田。第二郭盡頭是空濠與土堤包夾的第一郭（本丸）。第一郭裡面有小楢、犬四手等落葉樹為中心的明亮樹林。

周圍是土堤圍繞，土堤上和與土堤相連的坡面，在小楢的高木層下，有亞高木層與低木層，白樫、金新木薑子、青木、柃樹等常綠樹生長。我們剛才走過的神代植物公園的本園東側雜木林，看不見常綠樹的亞高木層、低木層，不過這裡就有出現。對雜木林的管理上的差異，也會反映森林的變動（演化），這裡是可以清楚比較的場所。城遺址北側是狹長的低地。這個場所是可以衛城防敵的重要濕地帶，現今則利用這種地形打造水生植物園。蘆葦原、花菖蒲園等，此外還有濕地的半夏生，與面臨滅絕危機的阿佐佐等植物觀察地點。

在植物多樣性中心輕鬆觀察伊豆諸島的自然景觀

接下來我們要介紹神代植物公園中較罕為人知的注目焦點。

從公園正門向左轉，走過停車場前，就會看到「植物多樣性中心」的正門。這裡保存、培育了東京都內慢慢失去蹤影的植物，同時也是舉辦宣導活動的設施。其中分為伊豆諸島區、武藏野區、奧多摩區，東京都各地域的代表性植物群落生態，以能夠一目了然的方式來配置。其中，伊豆諸島在火山爆發後，經過漫長時間演變的植物群落的茂盛姿態，以生態展示的方式呈現，

深大寺城遺址的空濠

伊豆諸島區

川原野菊

令人深感興趣。從熔岩覆蓋，幾乎沒有任何植物的狀態，到芒草、虎杖等草原群落、大葉夜叉五倍子等低木林生長茂盛，在爆發後的熔岩之上與火山噴出的物質之間的縫隙，侵入、成長的植物，以及這些植物的群落，順著時間遷移的方式來配置。

還有這裡也再現多摩川流域的河原砂礫地。多摩川因為治水工程建設的結果，大規模的洪水氾濫不再，砂與泥也不再淤積，因此礫河原減少。結果，僅只在多摩川礫河原生長的植物如川原野菊、河原撫子等瀕臨絕種，取而代之的是針槐的生長，形成森林廣布。此中心裡，再現多摩川的礫河原，透過環境再造，使面臨滅絕危機的川原野菊、河原撫子等植物，能在本來的生長環境中順利生長。

16 東京都內屈指可數的賞櫻名所「小金井公園之森」

收購農地

小金井公園橫跨小金井市、小平市、西東京市、武藏野市，為都立公園，面積有八十點二公頃，上野公園的一點五倍，接近井之頭公園的兩倍大。園區是東西寬的長方形，北側是小金井鄉村俱樂部的高爾夫球場，南側是包夾五日市街道的玉川上水，西側則與小金井街道相鄰。

園內有武藏野昔日風貌的森林，大片的櫻花植栽地，遼闊的草原廣場，網球場、棒球場、綜合體育館、遊戲場等，是變化多端的綜合公園。

這片區域，位在武藏野台地中，最高的武藏野面，江戶時代中期，正式成爲新田開發的場所。昭和初期，這區域原爲關野新田與是政新田的農家擁有的田地，以及廣大的雜木林，有一天國家突然下達接收農民土地的命令。我們就從北村信正所著《小金井公園》中來看概要介紹。

昭和十五年，小金井大綠地計畫成形，因此馬上就開始徵收用地。持有這片土地的農家約有六十三戶，該年秋天，農家的主人被叮囑要帶著印鑑到小金井小學校（現在的市立小金井第一小學）參加集會，也就是收購農地的說明會。說明會中，軍方也派人與會，對農家的人說明防空綠地的重要性。已經納入計畫的計畫區域約有九十公頃，變成半強制徵收，所有者也被迫同意強制買收，不得有異議。土地費用、地上物的補償金，也是單方面決定好，直接支付給農民。失去耕地的農民只能丟掉鐵鍬等工具，進入工廠當工人，或者事務員，不得不擔任完全不熟悉的工作，從事其他職業。

昭和十五年（一九四〇）十一月十日，慶祝皇紀二六〇〇年，於是在皇居前廣場盛大舉辦慶祝典禮，爲了儀式而建築了「光華殿」。典禮結束後，光華殿也解體，翌年七月，移至現今的小金井公園，重新組合起來。八月，由文部省教學局提供，圍繞著光華殿周圍空地的部分，作爲學校教員的進修場所而建設簡易的屋舍。

小金井公園的櫸木

二戰結束後，昭和二十一年（一九四六）十月，實施了所謂的「農地解放」，將佃農導向自耕農，解放地主或者無主之地。根據這項措施，東京都擁有的土地，接近全面積一半，有百分之四十三都進行解放，剩下的土地則利用作爲苗圃。現在，西口的喜馬拉雅雪松就是當時苗圃中種植的樹木所遺留下來的。簡易屋舍成爲皇太子的學問所，學習院中等科的校舍與寄宿舍，使用了四年的時間。據說現在的天皇就是從這裡的學習院中等科畢業。平成二十八年（二〇一六），也有報導天皇與皇后到此參訪。或

小金井公園的櫻花（染井吉野櫻）

許此地留下許多昔日年輕時光的記憶吧。

江戶東京建築物園區的懷舊

昭和二十九年（一九五四）一月，此地以東京都立「小金井公園」開放給一般大眾。平成五年（一九九三），東京都想要把擁有高度文化價值的建築物留存下來，作爲給次世代的文化遺產，因此，以野外博物館的形式，建設了江戶東京建築物園。面積有七公頃。園區分爲三大區塊，西區面對山手通，蒐集了以明治開始到昭和初期建設的各式各樣建築型態的住宅復原，再加上江戶時代富裕的農民的住所、茅葺修築的民家。中央區是以江戶東京建築物園的遊客中心「光華殿」爲首，二二六事件中遭受殺害的高橋是清的宅邸、宇和島藩伊藤家的門等。東區則有從江戶時代末期到昭和這段時間內建築的商店、錢湯、居酒屋等林立。其中，名爲「子寶湯」的錢湯，據說是宮崎駿的動畫電影《神隱少女》當中出現的錢湯的參考原型。

四季都讓人愉悅的公園

在日本，野生的櫻花有山櫻花、大島櫻、江戶彼岸、霞櫻、大山櫻、豆櫻、丁字櫻、高嶺櫻、深山櫻，共有九種。或者，再加上在沖繩與石垣島野生化的中國與台灣原產的野生種緋寒櫻，共有十種。其中，有一說是大島櫻屬於霞櫻的海岸型，也是諸多櫻花園藝品種的母樹。

現在，園區內最多的染井吉野櫻，如同先前在〈飛鳥山公園〉中所述，是大島櫻與江戶彼岸雜交種，園藝品種普賢象與關山，會開黃色花朵的御衣黃櫻和鬱金等，母樹其中一方也是大島櫻。園內的染井吉野櫻據說最盛時期是二〇到三〇年代，平成十四年（二〇〇二）組織了「小金井公園櫻守會」，致力於樹勢的復原、保護，因此讓大家能再看見櫻花盛開的樣子。要特別提出的是園區東側的草地，有壯麗宏偉、枝繁葉茂、開展茂盛的大島櫻花挺立其上。此一大樹，在花季時會開出純白的繁花，還有綠葉映襯，讓觀賞遊客目不暇給。

最西邊的區域，原本是作為雜木林利用，這片森林中大部分留有昔日的樣貌，以小楢、櫟樹、野茉莉、辛夷佔優勢，為了公園的利用因而會修剪伐採，另外也能看到大批針薹草、三葉土栗等芒草原的植物。森林的一部分，在小楢的高木之下，有白樫、金新木薑子、柃樹、青木等常綠樹生長，然後因為管理終止，因此逐漸往常綠闊葉樹林的樣貌演變。

在這座公園中，春天有櫻花與櫟樹、小楢的新綠，夏天有濃綠，秋天有紅葉，可以悠閒自在地觀察四季的變化。

17 深刻感受春天氣息的「野川與國分寺崖線之森」

《武藏野夫人》與崖

從立川市東側開始，像是與國分寺崖線平行流淌的是野川。野川之水主要來自於從國分寺崖線湧出的水。飄降在武藏野台地上的火山灰粒子很細，因此水容易通過。雨水滲入，流到其下堆積的礫層（武藏野礫層），下方是不透水層，阻斷水流方向，改為橫向流出成為湧水。這就叫做「ハケ」。有一說，「ハケ」語源是來自「水毫不停滯的流動，水排出（水が捌ける）」。

「山在微笑」崖線之春

此處湧水是沿著台地部彼端的崖線流出來，也就是所謂的「崖線型」。另外還有一種意思，就是指包括湧水的崖線整體稱為「ハケ」。

在國分寺崖線附近建造居所、生活在此處的人，在大岡昇平的小說《武藏野夫人》中有詳細描寫。小說處理主題是從戰後時局混亂，直到復興之間，世間樣態、成人戀愛，以及微妙的心理變化，都細緻地描寫出來。主角秋山道子的住所幾乎可以找到原址，在行文中極正確地描述了地形、風景。此外，關於國分寺崖線，小說中也近乎執拗的登場。作為一位文學家，讓人驚訝的是，彷彿同時身兼地理學者，描述了小金井的地形與其形成的歷史。

國分寺崖線沿途的湧水湧出處，有三座庭園，分別是「殿之谷戶庭園」、「滄浪泉園」、「貫井神社」。「殿之谷戶庭園」位於JR

野川的春天

一輪草

二輪草

一人靜

中央線國分寺站的前方，爲都立公園。大正時期，江口定條（後來的滿鐵副總裁）整理爲別墅，昭和四十九年（一九七四）東京都收購庭園，昭和五十四年（一九七九）開園。

滄浪泉園則在JR中央線武藏小金井站南口，走路十五分鐘，南北向的小金井街道的東邊。曾任銀行家、外交官、參眾院議員的波多野承五郎的別墅，昭和五十二年（一九七七）東京都購買下來，同年，被指定爲都的滄浪泉園綠地保全地區，而劃入保護範圍。

貫井神社是天正十八年（一五九〇）爲了祭祀水神「弁天樣」而建設，境內西側的斜坡有湧水湧出。社殿嵌入崖線中，位於小谷地之中，周圍環繞著以白樫爲主的樹林。

然而，這三個地方，全部因爲水源供給地——台地上住宅區化的進行，以及排水設施整頓，水泥區域擴大，雨水滲透量減少，因而湧水量也不斷減少。

國分寺崖線的春天景致極爲美麗，各種樹木長新芽，彷彿綻放自我互相競豔，再混合山櫻的花，形成色彩繽紛的風景。人們就將此般美景稱爲「山在微笑」。較武藏野面低一層的立川面，生活其上的人也都認爲崖線的綠非常重要。多變的春天色彩，長久以來，是人們利用坡面上的森林作爲生活資源而產生的結果。現在朝向住宅地發展，崖線的森林急遽減少，在東京都的統計中，只佔崖線全體面積百分之三十五的樹林區域留存下來。對於崖線綠地減少很擔憂的東京都，在崖的斜坡，與其相連的崖上、崖下的平地指定爲綠地保全區域，並且朝公有地化前進。

武藏野崖線的森林，與美麗櫻花連綿的野川

野川發源於國分寺東戀窪一町目的日立製作所中央研究所內。聚集了「真姿之池」湧水群湧出的泉水，在國分寺崖線的南方向東流。然而靠著湧水涵養的野川，水量不大，常常面臨枯水狀態。這種時候，志工就會出動，救出在野川中生活的魚類，保護牠們，等到水流再次豐沛時，再讓牠們回歸河中。野川沿岸也有多處櫻樹林立，三月末到四月初，染井吉野櫻與八重紅枝垂櫻，吸引絡繹不絕的賞花人潮。粉紅與淡綠妝點的空間，使野川美得令人屏息。

野川與國分寺崖線平行，向東流去。途中，經過建築在崖線下的中村研一紀念小金井市立崖之森美術館，繼續沿著野川前行，就會抵達都立武藏野公園。武藏野公園中有苗圃，栽培了許多樹種，並且都有標籤解說，提供觀察樂趣。西武多摩川沿線周邊則是都立野川公園。野川公園跨小金井市、調布市、三鷹市。戰後美軍接收，之後由國際基督教大學管理，高爾夫球場的區域是東京都在昭和四十九年（一九七四）收購，昭和五十五年（一九八〇）六月開園。面積有四十公頃，樹林與草地分布極廣。特別要提出的是包夾野川的北部區，與崖線相連的平地。國分寺崖線湧出的水源灌溉的這片區域，有現在越來越少見的榛木林。早春時，多摩地區雜木林中的綠，是各式各樣可愛的植物，普通可見稱爲「春之妖精」的一輪草、二輪草、一人靜等花朵綻放，一輪草是只有一朵大大的白花，二輪草則有兩朵。實際上，這種看起來像花朵的是

武藏國分寺金堂跡

它的「萼」而非花瓣。這些植物之所以能夠在此生長，都是因為人工管理，維持這裡的環境，使之容易成長。

公園的崖線附近則有幾座池子。這片地區直到二次大戰結束時，因為是日本軍方設施的用地，因此遭受美軍的砲擊，當投下的炸彈炸出窪地，現在成了湧水滯留的池子。公園內，有武藏野雜木林風貌的小楢、櫟樹等為主的樹林，其中有步道、草地廣場，整體來看，混合森林與廣場，打造出明亮的空間。

18 武藏國分寺遺址與湧水「武藏國分寺之森」

圍繞國分寺發生的故事

國分寺車站南側的國分寺崖線因爲侵蝕的關係，高度下降，往立川面移動的地方，就是國分寺遺跡。天平十三年（七四一），聖武天皇下達指令，在全國六十八個地方建立國分寺、國分尼寺，因爲想要以佛教來統領國家，同時也讓心中累積諸多煩惱的民眾能找到救贖之道。爲了建設國分寺，對於符合中國的四神相應（青龍—東，河川；朱雀—南，濕地；白虎—西，大道；玄武—北，丘陵）等地形配置有清楚目標。當然，這個地點也不例外。國分寺遺址北邊是標高七十七公尺的

高野槙

真姿之池

武藏野面有丘陵，也有古多摩川侵蝕而成的六十五公尺的立川面，其南邊遼闊，是涵納國分寺崖線湧水的低地。再加上東邊是野川流淌，西側是東山道武藏路通過。武藏的國府在南二點七公里處，是四神相應的適切場所。

此地的武藏國分寺其後也一直維持，然而，元弘三年（一三三三），新田義貞與鎌倉幕府引發了分倍河原會戰時，燃燒殆盡。後來，建武二年（一三三五）因新田義貞捐獻，才復建國分寺。到了江戶時代，武藏國分寺一帶變成尾張德川家的獵鷹場。江戶時代末期出版的《江戶名所圖繪》中，國分寺與藥師堂都收入其中。插畫中左下是國分寺遺跡裡的廣闊田地，往藥師堂的參道可看到松樹，藥師堂周邊則有杉樹，右下可見竹林。現在住宅用地極廣，大概已經很難想像先前的樣貌了。

現在國分寺中令人注目的是本堂背後的大樹，樹高十四公尺，樹幹圓周約三公尺的高野槙（又名日本金松）。此一品種是金松科金松屬的常綠針葉樹，葉片是兩片樹葉以癒合的方式生長，爲其特徵。日本固有種，長成的話樹高大約有三十公尺，冠圓周則可達三公尺以上。分布在本州的福島縣以西、四國、九州等地海拔六百公尺到一千兩百公尺處。高野槙名稱的由來是真言宗總本山的高野山上長有許多。

傳說國分寺的高野槙樹齡已經有三百年以上，此棵是鄰近的寺院神社栽種的高野槙裡最爲挺拔出眾的。代表國分寺歷史故事的重要之樹，但其樹幹腐朽、樹勢也逐漸衰敗，真讓人擔心。

雖然樹齡已經相當大，周圍樹木的枝幹覆蓋在這棵樹上，或許也是它衰退的原因。

國分寺遺址不遠處，就是國分寺崖線的湧水形成的「真姿之池」。這座池有以下傳說。承和十四年（八四七），當時公認的絕世美女玉造小町生了重病，因爲治療一直不見起色，因此，她決定就以自己當下的模樣，造訪國分寺，「仰賴佛的慈悲」，一心向藥師如來祈禱。祈禱到第二十一日，出現了一名童子，請小町到池畔去，告訴她「用這裡的池水洗淨身體吧」，然後就消失不見。小町依其言而行，到了第七日，果然回復原來的美麗樣貌。

後來的人，就以「真姿之池」來稱這座池子。現在，池中有祭祀弁天神的小祠堂，還有赤紅色的欄杆。顏色的對比十分美麗。附近一日約有一千立方公尺的水湧出。現在，這湧水匯集流動，旁邊有整理完善的小道「鷹之道」，使這裡成爲親水空間。這裡也繁殖了螢火蟲。水道則由「真姿之池」開始，經過「元町用水路」，然後流入野川。

19 因古代歷史而增色的「府中市大國魂神社之森」

六所宮

大國魂神社位於府中市，從新宿搭乘京王線特急大約二十分鐘，在府中站下車，從車站走

大國魂神社

路五分鐘即可抵達。從南驗票口出來走下樓梯，就會看到成排的櫸樹參道。從那裡向左轉，就是神社的正面。神社境內與櫸木參道之間，是江戶時代整頓出來的甲州街道通過。神社是在武藏野台地侵蝕低一層的立川面的前端位置，南是比高差七到十公尺的立川崖線。其下曾經是多摩川的氾濫平原。

大國魂神社中祭祀的是武藏國的守護神大國魂大神。根據神社的社史來看，創立時間已經相當久遠。大化革新之後，奉仕國司。奉仕國司的神社，在武藏國內有六處著名的神社（小野大神、小河大神、冰川大神、秩父大神、金佐奈大神、杉山大神），將此六處集合在一起祭祀的地方就稱爲六所宮。平安時代後期，十一世紀時，設置了全國的總社與一宮。國內祭祀諸神、祭典，都在一處舉行的爲總社，序列化後，爲首的有力神社作爲一宮。武藏國的狀況，則是以國府內奉祀的六所宮爲總社。

境內曾經有蒼鬱的杉樹

現在，境內以本殿爲首，有許多建築物，建築物之間則種植了相當多的樹木。大多數是櫸樹，樹高二十到三十公尺，直徑一到一點五公尺，因爲經過相當長的歲月，因此有許多是參天大樹。以前，文化十二年（一八一五）境內調查，以與站立者眼睛等高處的樹樹幹圓周五尺（一點五公尺）以上的個體爲調查對象。其中最多的是杉樹，有三百四十八棵，第二是櫸樹，有五十六棵，犬四手十四棵、椋木六棵、伊呂波紅葉六棵、樅樹兩棵、銀杏一棵、白樫一棵、栃樹一棵，總計四百三十五棵。杉樹佔壓倒性多數。在大正二年（一九一三）、昭和四十八年（一九七三）也再次實施境內的樹木調查。大正二年的測定，杉樹有兩百七十五棵，依然是最多的，櫸樹三十八棵，其他加起來有三百六十八棵。與江戶末期相比，總數減少了六十七棵。杉樹少了七十三棵，櫸樹少了十八棵，不過杉樹依然佔優勢。相對於此，昭和四十八年的調查，杉樹已經全部不見，櫸樹增加二十一棵。杉樹的減少，是從昭和三十年（一九五五）年開始。因爲都市化的緣故而產生空氣汙染、地下水位降低等等原因而導致。從那時起，境內的樹木調查就未曾再舉辦，距離上次調查已經超過四十年以上。現在，應該有相當的變化產生。有機會的話，很想再次舉辦調查。

《江戶名所圖繪》中描繪的樹木當今樣貌

到了江戶末期天保時代，當時的人越來越常到江戶近郊觀光。爲此，介紹江戶與近郊觀光勝地的書籍也越來越多出版。長谷川雪旦畫的《江戶名所圖繪》可作代表。府中的大國魂神社也出現在其中。插畫是大國魂神社境內的鳥瞰圖，從上面描繪的樹的樣貌，可以知道當時種植許多杉樹。

還有參道上的櫸樹樹形、境內也有看起來像櫻樹的樹形。靠近本殿的地方有大銀杏樹，以及腐朽後徒留殘幹的大櫸樹。如前所述，現在境內看不到一棵杉樹，但是以前杉樹可是蒼鬱茂盛。《江戶名所圖繪》裡描繪的樹木，現在究竟變成怎樣了？尋找長谷川雪旦作畫的地點，來

大銀杏

櫸木行道樹

到現場，可以發現他甚至連位置關係也如實地描繪，經過一百七十年，即使到現在那些樹木依然存活的可能性頗大。

就讓我們一邊看著長谷川雪旦的圖一邊散步吧。本殿的深處畫了一棵大銀杏，現在那個位置的確有老銀杏樹。這棵銀杏因爲遭到落雷，因此在高五公尺處折斷，樹幹也漸漸腐朽，但是從中萌芽長出三棵新樹（直徑分別是二十五、三十、六十公分）也逐漸成長，六十公分那棵的高度甚至長到十五公尺。銀杏的後方畫了櫸樹，這就無法確認。這次只有一棵銀杏能確定而已。以後如果詳細調查看看，或許還會發現其他仍然殘留的樹影吧。

大國魂神社的參道為何以欅木為行道樹

像是接續著境內，以欅木爲中心的行道樹成列延展。這裡的行道樹有相當長久的歷史。爲何要以行道樹打造出參道呢？行道樹的歷史，據說可以追溯到中國的秦始皇時代。秦始皇下令，在街道旁種樹，日本沿襲了這個習慣。十世紀集成的「延喜式」中，就有關於行道樹的條文，「道路兩旁的樹，由該地區的役所與家來栽種」、「四人守護朱雀大路的樹」，都中心南北走向的朱雀大路的行道樹由役所管理。這樣一來，國衙、國府所在地，就很可能也都有行道樹。

現在欅木行道樹的由來，包括傳承而來的傳說，是源賴義・義家親子在東北興起的前九年之役（一〇五一到一〇六二）爲了慶祝戰勝，因此捐贈了一千棵欅樹的樹苗。之後隨著時代變遷，德川家康因爲在國府市馬市求得的馬，而在大坂之陣（一說是關原之戰）獲得勝利，因此捐贈馬場樹苗，讓他們在左右的土堤上種植，也留下紀錄。再到寬文年間（一六六一到一六七三），幕府營造社殿的時候也會種樹。江戶時代末期出版的《新編武藏風土記稿》中還可以看到有四列的行道樹種植於土堤之上，以及可以看見樹根。《武藏名勝圖繪》（植田孟縉）的圖也有四列行道樹。生於一八七六年的梶川啓藏也在四列的土堤上種植樹木，內側是欅樹，外側則是櫻樹。「馬場大門欅並木」是大正十三年（一九二四）十二月，依照「史蹟名勝天然紀念物保存法」而被指定爲國家天然紀念物。第二次世界大戰中，有人主張砍伐櫸木供給軍需，不過市民強烈反對，因此最後只好作罷。從中可見市民相當重視這些行道樹。

藉田遺跡調查，發掘家康的御殿跡「御殿山」

在大國魂神社東側一帶武藏國國府的中心設施「國衙」，因爲挖掘而證明了其真實存在。國司以負責政務的國衙爲中心，拓展街道，東西二點二公里，南北一點八公里。大國魂神社的西側地區，JR武藏野線府中本町站的附近，有從以前就稱爲「御殿山」的場所。國衙相關設施所在地，前方是多摩川，對岸則是橫山，或者叫做眉引山的多摩丘陵綿延。以前是遠眺富士山明媚風光的場所。這裡在天正十八年（一五九〇），爲了作爲秀吉奧州行歸途上的旅舍，因此據說家康營造了川越與御殿。

德川幕府正史《德川實紀》中記載，元和三年（一六一七）三月二十一日，家康的靈柩從久能山運往日光途中，在這府中御殿停留了兩晚，再往川越前進。當時使用的建築物在正保三年（一六四六）燒毀，之後就沒有重建。遺址在享保九年（一七二四）後開墾爲田地，長期用於耕作。直到最近，武藏野線府中本町站附近開店的大超市將此地規劃爲停車場，超市結束後，改建大樓的計畫非常踴躍，因此在建築之前實施了調查。調查結果發現，發掘出國司利用的建築物遺跡，以及家康的御殿遺跡。當時府中市的動作很迅速，市政府與文化廳協議，購入這片土地。現在，朝著國衙時代的遺構研究，以及了解歷史的整建計畫前進。

第四章
連結武藏野台地與奧多摩的「丘陵地之森」

橫澤入的里山

里山的世界

ＪＲ中央線向西走，從立川站轉到青梅線，南邊是與目前為止完全不同的綠色丘陵展現在眼前。丘陵位於連結關東山地與武藏野台地的位置。包夾多摩川，東邊是加治丘陵、狹山丘陵，西邊平井川以北是草花丘陵，秋川與淺川之間是加住丘陵，再往南就是高尾山開始向東延伸的多摩丘陵。從立川站能看見的是更南邊的多摩丘陵的山脈。

這片丘陵地區，目前常常被稱爲「里山」。人們利用低地（谷津）的湧水來開墾水田，住所選擇日照良好的南側斜坡的下部，周圍開墾旱田。另一側的斜坡，山脊上種植赤松，斜坡有小楢、檜，谷地種植杉樹，形成「山」的形狀。

這片里山地區，久遠的歲月中，因人們生活的累積，而形成安定的自然空間，保有武藏野台地無法得見的景觀。

人類干預之前的丘陵，遍布著哪種樣貌的自然森林呢？在東京，從海岸地帶開始到標高約六百公尺左右的區域，據估算是常綠闊葉林爲主的森林（照葉樹林）綿延。生活在其中的人們開墾森林，改爲能獲取生活所需資源的落葉樹的空間。彷彿爲彰顯這個特性，作爲森林代表的常綠闊葉樹林優勢品種的栲樹、赤樫，在多摩丘陵各地可以看到零散分布，這類森林砍伐之後形成利用價值極高的落葉樹小楢、櫟樹的雜木林，也在極廣的地域中可以得見。然而，這樣的雜木林若放任不管，自然的力量又會讓它重新回到往昔的常綠闊葉樹林。小楢、櫟樹高大的樹木之下，都可看見以白樫爲首的許多常綠樹的成長。這也是回歸自然的縮影。

丘陵部與奧多摩有不少共通的植物種類，都相當有特徵，是在低海拔地區與武藏野台地看不到的。赤四手、令法、鎌柄、莢蒾、高野箒、山杜鵑、小紫陽花、柏葉白熊、亀甲羽熊、稚兒百合等落葉性樹木與低木和草本。本來這片地域分布的常綠闊葉樹林之中，生長的常綠樹種裏白樫、青剛櫟、柊木、馬醉木等屬於丘陵地區特有種，也是武藏野台地相當少見的品種。

20 《龍貓》森林的原型「八國山之森」

「多多洛的森林」

八國山在距離都心約三十公里的狹山丘陵的東端，東西約一點五公里，南北接近五百公尺的東西細長形丘陵地。八國山之名，雖說是來自於昔日，從最高點（海拔八十九點四公尺），可以眺望上野、下野、常陸、安房、相模、駿河、信濃、甲斐等八國的山。但現在卻找不到可以像那樣展望的地點。

八國山在宮崎駿以昭和三十年代前半爲舞台的作品《龍貓》中，成爲故事中森林的原型，

八國山雜木林

而廣爲周知。相傳，電影中出現的「七國山」就是以八國山爲原型，皐月和梅的母親住的醫院「七國山醫院」則是在山麓的東京白十字醫院爲範本。順帶一提，《龍貓》序幕登場的巴士的終點站顯示了「八國山」。宮崎駿作爲動畫導演，不只將故事傳達給許多人，也與支持者一起將這裡視爲「龍貓森林」，積極的貢獻在保全這片森林。

「久米川戰役」的舞台

位於八國山東邊的久米川地域，是從狹山丘陵流出的前川、北川，與從丘陵北邊流出的柳瀨川的合流地點，從古代以來就是交通要道。律令時代的官道東山道武藏路通過此地，因此成爲宿場町。文永八年（一二七一），抵觸了鎌倉幕府的禁忌，因而被流放到佐渡島的日蓮上人，據說他的弟子就送行一直送到此處。

這裡也是高舉打倒幕府的新田義貞的軍隊跟鎌倉軍交戰「久米川之戰」的地點而非常有名。

元弘三年（一三三三）五月，新田義貞在上野國生品明神，高舉「打倒幕府」之名舉兵出征，跨過利根川南下，與足利尊（高氏）的嫡子，後來的足利義詮會合，在狹山丘陵西邊的小手指原之戰，大破幕府軍。撤退的幕府軍以柳瀨川爲界，在久米川重新擺開陣勢，當時，新田軍就在八國山布陣。新田軍布陣的八國山的東端，現在建有作爲「將軍塚」的大石碑。

山脊兩側的差異

八國山自古以來，就一直是爲在那裡生活的人們供給各項生活資源的山。西武鐵道西武園線的西武園站下車，從車站望向東邊，可見覆滿一片綠意、稍高的丘陵，就是八國山。往住宅區走去，就會抵達八國山的西入口廣場。從這裡開始的遊客步道很快就會變成山脊步道，可見小楢爲主體的落葉樹林廣布。這山的行政區域劃分，南側是東京都東村山市，北側是埼玉縣所澤市，中央的山脊則成爲兩方的界線。北邊的埼玉縣這一側開發持續進行中，住宅區已經逼近山麓，南邊的東京都側，還有大片的綠殘留，東京都規劃了保護計畫，指定此地爲「八國山綠地保全地域」。

要特別指出的是，森林管理上的差異。停止利用森林的年數大致相同，小楢、櫟樹的大小也相似，但是北側與南側的植生卻顯現出差異。北側在經年累月中沒有人爲干擾，相對來說，南側從以前就開始為了割除樹下雜草與萌芽新生而進行各種管理。管理方式是防止常綠闊葉樹林的植物如白樫、青木繁殖，避免樹林移向常綠闊葉樹林。藉以維持向來的雜木林樣貌。北側的所澤市這一側，周邊的住宅區與公園，則是栽種、散布種子，因此在林中到處可見隱蓑、柃南天、樟樹、南天、枉樹、棕櫚、樸樹、青木等。另一方面，南側的地域從以前就特別管理的場所不少，因此就不會看見這些種類的植物出現，平成十四年（二〇〇二）開始，到十五年，實施「萌芽更新」的森林陸續順利地更新，成果顯著。

林內東根笹遍布，不同地點高度有所不同。這是因為割除東根笹的時間不同而導致的結果。東根笹頻繁地割除的話，高度就不會很高，短期間內採伐頻繁的話，就會有不少幹（稈）出現。也就是說，單位面積中笹的稈的數量增加，那就會有更多葉片生長。另一方面，長期間放置不管的話，隨著時間流過，稈的數量減少，取而代之的是，一根稈就會變得更大，也會長出更多葉子。這是因為在固定空間中生物的生存也有其固定的數量，也就是反映出生態學法則「最終收量一定的法則」的樣貌。

在八國山的山脊步道漫步，可以一邊比較雜木林管理上的差異，也可觀察到平地樹林中難得一見的植物。

21 保留里山的自然地「橫澤入之森」

最初的「里山保全地域」

「橫澤入」位於草花丘陵，被指定爲東京都「橫澤入里山保全地域」。JR五日市線的終點站武藏五日市站下車之後向東走，不遠處的武藏增戶站向西行也是種方法。徒步二十到三十分鐘，會抵達保全地域的入口。附近有座有來歷的古刹大悲願寺，傳說中，這座寺院建於建久二年（一一九一），御家人平山季重受源賴朝命令而建。現在的本堂是元祿八年（一六九五）建築，已經三百年以上，境內有不少樹齡據估計已經超過

莢蒾

稚兒百合

山杜鵑

橫澤入的里山風景

鎌柄

柃棓

赤四手

三百年，樹高二十到二十五公尺、直徑二點六到二點八公尺的巨大杉樹。

以前這座寺院是伊達政宗的異母兄弟秀雄修行的地方，因此因緣，元和八年（一六二二），政宗在秋川舉行川狩時順便來參訪這座寺院。政宗見了寺院庭前綻放的白荻，念念不忘，因此日後寫了封書信要求，希望能將白荻分給他。那份書信是「白荻所望狀」，現在依然保留在寺院之內。

步出寺院，繼續走一小段路，就抵達「橫澤入里山保全地域」的入口。這地區附近是JR東日本大規模住宅團地建造計畫的地點，但因爲泡沫經濟問題而使計畫中輟。因此東京都向JR東日本申請無償讓渡這片土地。東京都將這片地域規劃爲東京都最初的「里山保全地域」，來保護這片土地。概觀全體，聚落在山麓，廣闊的谷地是水田，水田的上部則有供給水源的池子。斜坡到山脊則是雜木林遍布，最高的地點則有鎮守森林的神域與神社。

從取得的這片土地生態系調查資料來看，面對中央區的低地有幾處谷地，確認了其中有佛泥鰌、源氏螢、東京山椒魚等珍稀的動物。丘陵地生長的植物則有鎌柄、令法、赤四手等樹木，山杜鵑、莢蒾、高野箒等低木，稚兒百合、龜甲羽熊之類的草本植物，多摩地區瀕臨絕種的寒葵、金蘭、海老根、朮等植物也同時確認。

其後，平成十八年（二〇〇六）一月，總面積四十八點六公頃的地區指定爲「里山保全地域」，現在，這片保全地域，有志工持續舉辦各種保全活動，沿著道路的活動據點也建築了丸太小屋（log house）風的建築物，並且開放大眾使用。

橫越水田，沿著斜坡的雜木林邊緣前行，經過水田的田埂，抵達斜坡的下部，可以看到一半以上都頹圮、掩埋的洞穴。這是第二次世界大戰終戰的空檔時，軍用物資存放的地點。沿著田埂稍稍往前走，會來到「戰車橋」，仔細觀察，可以發現這座橋是鐵鑄的橋，據說是使用舊日本軍的戰車車體爲材料打造而成。

通過了水田區，登上陡峭的斜坡，進入森林中。這是二次林與人工林混合的地區。斜坡上廣闊的樹林，因爲停止利用的時間已經相當久，不管是人工林或是雜木林，都漸漸往常綠闊葉樹林發展，林內常綠闊葉林的植物佔優勢的區域不少。丘陵地特有的植物和與低地的平地林共通的植物，再加上從山地開始向下生長的山地性植物，兩方混生。

述說歷史的伊奈石的採石遺址

登上山脊步道，是空間稍微開展的場所。這裡是江戶時代有很長一段時間，作爲採石場的地方。這裡的岩石稱爲「伊奈石」，是距今一千五百萬年前（新生代第三紀中新世）在海底堆積而成的堆積岩。仁平二年（一一五二）從信州伊那來此定居的石工集團在山麓的伊奈村開採，因而稱爲「伊奈石」。此石工業團，在德川家康進入江戶之後，也參與過江戶城的改建工程。

伊奈石的硬度適中，因此可以用作爲墓石、石階、石臼、井的結構。用此石打造的石佛也有很多。伊奈石製的石造物品利用秋川以竹筏運載，運送到現在的東京、神奈川、埼玉、千葉、山梨等地販售，範圍相當廣闊。然而，江戶時代末期文政年間，突然停工，其理由至今仍然不明。現在，山頂之下就是伊奈石的露天採石遺址。那裡還留下切割石塊用的楔的遺跡矢穴石和丟棄碎石的廢石場，昔日的景象不曾消逝。

從岩石切割場往稍陡的斜坡上走，會抵達標高三百零一公尺的天竺山山頂。山頂是祭祀區域氏神的三內神社奧之院。JR武藏五日市站周邊曾經是五日市宿，江戶時代是此區域物資的集散地，供給炭、薪等生活資源大消費地江戶，因此發展非常活躍。現在已經沒有昔日那樣的熱鬧喧囂，不過，還有可以讓人感受到歷史的古蕎麥店。散步之後，可以順道拜訪，緩解一路走來的疲倦。

第五章
東京的山地・奧多摩之森

水源林之森

本章含括的地區是海拔一千公尺以上的險峻山地區。地質是距今兩億五千萬年前到兩億年前堆積而成，形成日本主幹的古生層（秩父古生層）與中生層，是相當古老的地層。這片區域經年累月受到侵蝕的結果，形成深谷、地勢險峻。

若談到東京山地，就是關東山地，不過一般多以「奧多摩」來稱呼。多摩川流經的八王子一帶，五世紀時朝廷在此設置「屯倉」（直轄領），大化革新之後，以「多摩」爲其名。「奧多摩」的意思就是再更深入多摩的地方。昭和初期，推崇此地溪谷之美的人，以「奧多摩溪谷」爲名來推展觀光，同時期還推出了「奧多摩連峰」之名。因此，綜合這幾項原因，這個地方稱爲「奧多摩」就此拍板定案。

人類在奧多摩地區生活，是從繩文時代草創期開始，奧多摩町白丸地區的白丸西之平遺址等地點就殘留以前的居住痕跡。之後，時代飛越，奈良時代以降，各地舉行「火燒田地」，奧多摩將這種田地稱爲「カッチロ」，直到昭和二十年代，都繼續實行「火耕」方式。

中世時，這個地方稱作「杣保」，「杣」是指山那一方，保則是奧多摩方面與五日市方面，比村更大範圍的地域。是因爲莊園制的發達而連帶產生的詞語。江戶時代《新編武藏風土記稿》中提到「羽村更西邊全部都是杣保」。奧多摩地區作爲林場，向來以小規模的木材處理爲主，然而德川家康進入江戶以來，以「江戶城」爲首，各大名的宅邸、武家和町家的建築，對木材需求量大增。

後來江戶每兩年半一次，約有十五公頃以上的面積會遭大火燒毀，爲了重建也需要大量木材。這樣的需求據說延續了整個江戶時代。木造屋子密集的江戶町街，只要一有火災，就會全部付之一炬，但反過來說，也促進復興的繁榮。曾經，供給木材的檜原村就有一首民謠。歌詞如下：

燒吧，江戶！山蒼鬱、杉木圓，
紅葉、栗樹，賣好價
唷嘿　紅葉、栗樹，賣好價
看吧！雲都飄向江戶去、搭著雲吧！
我也要去江戶、去江戶
走吧！我也要去江戶、去江戶

在這歌詞中，「燒吧，江戶」有一說則是「開吧，江戶」。總而言之，持續不斷將木材送往江戶，絕對真有其事。爲了支撐江戶上百萬人的生活，炭與柴薪是必需品。奧多摩的各處村落都成爲重要的供給地。青梅的青梅炭、檜原的檜原炭、八王子的八王子炭，和國分寺炭，全都非常有名，沿著川越順河運送至江戶。

秋川溪谷中的村落也都在製炭，五日市就成爲炭的集散地。從鄰近的村落運送出來的炭，慶應元年（一八六五），據說一年約有二十萬俵（俵為裝盛木炭的草包）。匯集到此處的炭，在這裡裝上竹筏或馬匹運送至江戶。其他特產如青梅生產的「青梅縞」，是將木綿與絹混織的東西，因為其他地方都沒有，因此在江戶的市街上大獲好評。就像這樣，在江戶時代開始，即使遠離江戶的奧多摩，其生活也與江戶有密不可分的關係。

22 自然持續受到保護的大靈山「高尾山之森」

從信仰之山到著名觀光地

高尾山高度有海拔五九九公尺，距離東京都心大約五十公里，搭乘京王線或ＪＲ中央線，很容易就可以抵達這座信仰之山。高尾山受到人類長時間的保護，因此從古至今依舊保有相當濃厚的自然色彩。

這座山有座高尾山藥王院，約一千兩百七十年前的奈良時代，天平十六年（七四四）僧人行基開山而建。永和年間（一三七五到一三七八），從山城國醍醐入山的沙門俊源再興藥王院，勸請飯繩大權限，成為關東一帶的信仰中心，神域受到完全保護，全無採伐。後來統領此地的戰國武將北条氏照也禁止伐墾，「只要摘取山內的一草一木，就立刻砍頭」，頒布禁令一事非常有名。江戶時代，這片地區的森林屬於幕府的直轄地，由八王子的代官執行保護政策，明治以降，轉爲帝室御料林、現在的國有林，管理主體變更，但都是採取一貫的保護措施。長久下來，自然受到很完善的保存，昭和四十二年（一九六七），高尾山一帶，七百七十公頃就指定爲「明治之森高尾國定公園」，一直到現在。

自古以來，參訪高尾山的人就有不少，二〇〇七年，在米其林指南中，獲得三顆星的最高評價，成爲觀光勝地，一年中約有三百萬人到訪。登山客人潮最多的時間不僅只在週六與週日，平日也有絡繹不絕的遊客摩肩擦踵，彷彿元旦時的神社初詣。

高尾山周邊的群山地質屬於「小佛層群」的海成層地質。岩石形成的時代，大約是恐龍仍在地球上昂首闊步的時代。比起再往東廣布的丘陵地帶的地質更加古老，在此地層之上，古富士、箱根火山飄降的火山灰（關東壤土層）堆積極厚。雖然此區域多是陡峭的斜坡，因而流失不少，但仍有部分殘留下來。

高尾山的森林，最重要的特徵就是多樣性。高尾山是關東山地向東延展的前端地區，是山地與丘陵接壤的部分，因此山地性與丘陵性的植物生長，反映出該地特質。林彌榮、小山芳太郎的論文〈高尾山天然林的生態與植物相研究〉，生長在高尾山的植物，羊齒植物以上的高等植物有一千五百九十八種，其中，高尾堇、檸檬荏胡麻、隈笹等都是在高尾山發現、命名的植物。日本有八十種的菫，高尾山與其周遭約佔半數，有四十種，多沿著濕地生長。

從山脊到斜坡，早春新葉出現之前就先開花的油瀝青、木五倍子、黒文字，初夏會長出圓圓花苞的玉紫陽花、葉子如箭尾的矢筈紫陽花、有淡紫色花朵的小紫陽花、白色花朵的空木、丸葉空木等綻放，撫慰了往來的行人。

邊散步邊觀察植物分布與種類異同

京王高尾線高尾山口站下車後，走過土產店、蕎麥屋等商店前，就是纜車「清瀧站」。這裡的纜車是大正九年（一九二〇）藥王院貫主（負責人）提案、計畫，昭和二年（一九二七）開通。傾斜距離有一千零二十公尺，高低差有兩百七十一公尺，可以一口氣登上。

這座山有七條散步路線，若是想要觀察植物，推薦選擇清瀧站右手邊的一號路線。這條路線一開始是沿著谷地，較爲平緩，左側的斜坡一帶有高大的杉樹，在高尾山，爲了藥王院的修建準備，從以前開始就有計畫的種植杉樹林。因此，高尾山上有其他地方都看不到的杉樹植林地。這些多數也都屬於國有林，在昭和六十三年（一九八八）三月二十三日因爲大雪，這片人工林中約兩成嚴重受災。太平洋側地區發生了「冠雪害」，濕且重的雪，在無風狀態下，累積在樹枝上，因此，重量使得樹冠部位難以承受而導致樹幹折斷。春天的雪含水量高，是平常的三倍，一平方公尺積雪一公分，重量就達三公斤。杉樹的纖維很直，樹幹馬上就折斷了，就像被扯開般斷裂。失去枝幹的杉樹直挺挺的立著，姿態看起來痛苦不堪。

途中轉向右邊的小徑，站上金篦羅台就可以眺望東京新宿方面的景象。那裡有許多楓樹生長，春天與秋天分別是新綠與紅葉，景色美麗。再回到一號路線，山脊的南側是有許多常綠闊葉樹的森林。途中，右側可以遠望北条氏照建築的八王子城跡的城山。再往前走一小段，就會到纜車的終點站「高尾山站」。北邊有圈央道（首都圈中央聯絡自動車道）與隧道。南方則可遠眺相模原市的住宅區與丘陵地帶的森林。

從展望台望向山頂方向，左邊道路盡頭有一棵巨大的橅樹，夾著道路的另一側斜坡，可看到犬橅。高尾山有許多犬橅，橅樹則較少。高尾山森林保護員宮入芳雄的調查中指出，高尾山的橅樹在一號路線的三百八十公尺處是其分布的最低線，高尾山全域有七十四棵（二〇一一年）橅樹在此生長。

對照的群落與植物分布的差異

高尾山，是從低地的台地與丘陵部連續逐漸上升常綠闊葉樹林分布的上限，關東山地開始下降的植物變成落葉闊葉樹林分布的下限地區，兩方的植物在此都有生長。此外，北斜面是以犬橅為中心的落葉闊葉樹林，南斜面則是裏白樫、粗樫、赤樫等種類顯眼的常綠闊葉樹林，前

高尾山参道杉木道

高尾山 1 號路線

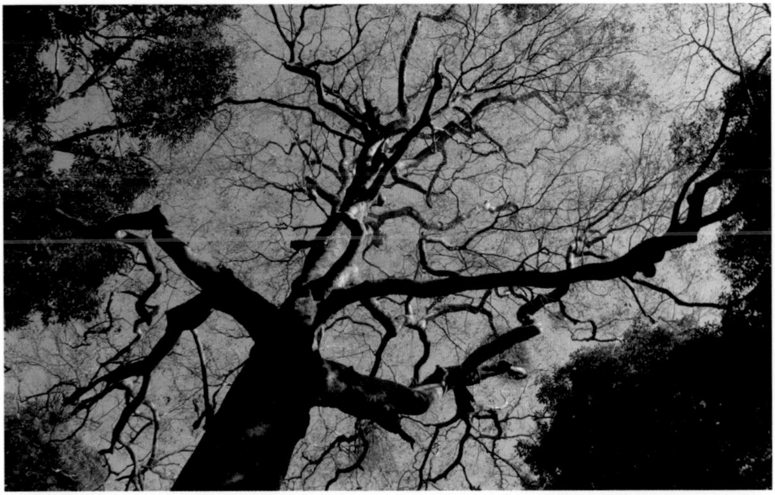

巨大的櫸樹

矢筈紫陽花

玉紫陽花

木五倍子

後都有分布。通過山脊的一號路線可以明確辨認兩者之間的差異，纜車高尾山站的兩側開始特別顯著。往四號路線的分叉點，北斜面有落葉樹很多的犬橅林，204頁的照片中可以看到兩者的差異。

那麼斜面的北與南，分布上的差異究竟如何？左側的表格整理出南北兩斜面各自分布的植物。很明顯地，北斜面是落葉樹種與闊葉草本，南斜面是常綠樹種與常綠草本。北斜面與南斜面會產生這種差異的理由，是因爲斜面方位的不同，日照量也就有所不同。也因爲如此，地溫與氣溫的差，還有冬季時斜面間凍結融解速度的不同等等因素都有影響，但實在無法很明確地說明。

一號路線的途中，從淨心門那邊進入北側山腰的四號路線，那裡是北側森林，犬橅佔優勢的落葉闊葉樹的世界。溪谷有吊橋，在橋上俯視，可以看見茂盛的房櫻。過了橋就是斜坡，高大的朴木和樅樹極爲顯眼。靠近路旁，是公認高尾山最大的橅樹。往傾斜的道路繼續前行，會再次連到一號路線。如果剛才沒有轉進四號路線而一直沿著一號路線走，經過男坂、女坂，就會抵達藥王院。途中道路旁的斜坡有樹齡四百年、樹高超過四十公尺的大杉樹。這棵樹其中一棵枝幹乾枯後，可以看到鼯鼠生活的巢穴。

一號路線到了藥王寺後方就變成了山脊道。因爲人來人往過於頻繁，因此可以看到許多樹根裸露地面。途中經過廁所前面，就會出現往山頂方向的道路與岔路。這條岔路的盡頭是江戶末期，與管理這座山頗有淵源的韮山的代官江川太郎左衛門種植的「江川杉」的植林地。雖然植林地已經有將近一百五十年的歲月，卻沒有樹幹巨大的個體。再繞回來走向山頂，則抵達高尾山遊客中心所在的廣場。此處是標高五百九十九公尺的山頂。從山頂可以眺望丹澤、大菩薩嶺、奧多摩群山。天氣好的話，最遠還可以看到富士山。沐浴在夕陽下的富士山壯闊的剪影堪稱絕景。

高尾山風景優美，自然環境也受到妥善保護，不同的區域就有不同風貌，來一趟觀察各式各樣的森林與植物的散步吧！

北側斜面　落葉闊葉樹林

以犬橅為主，包括：橅、赤四手、青肌、泡吹、朴木、栲、山櫻、水木、霞櫻、山法師、小葉栲、大紅葉、伊呂波紅葉、黑文字、小米空木、高野箒、檀香梅、柃棓、衝羽根空木、小紫陽花、長葉高野箒、山杜鵑、蟿草、稚兒百合、龜甲羽熊、奧紅葉白熊等

南側斜面　常綠闊葉樹林

裏白樫、赤樫、粗樫為主體，還包括：衝羽根樫、鹿子木、黐葫栲、榊、柃、金新木薑子、栴、藪椿、黐木、柊、青木、萬兩、馬刀葉椎、深山樒、紅羊齒、山𪘲羊齒、蛇鬚、定家葛、木蔦等

北側斜坡　落葉闊葉樹林（犬橅）

南側斜坡　常綠闊葉樹林（裏白樫、粗樫林）

23 修行者聚集的信仰之山「御岳山之森」

具代表性的自然林

御岳山一帶，位於關東山地東端，海拔九百到一千一百公尺高的地區。行政區隸屬於青梅市，在市區的西部位置。御岳山地區的地質是比高尾山地區地質更古老的秩父古生層爲主體的地域，長時間受到侵蝕，因而形成險峻的地形。

御岳山是有歷史的古老信仰之地，每一年從關東各地到此參訪的人非常多。在御岳中心中的武藏御岳神社，鎮座在大岳山、與奧之院連結的山脊之一、丸山（標高九百二十九公尺）。「御岳」（みたけ）的由來據說是對山的敬稱，但另外的說法是，大岳山、奧之院、丸山三座山稱爲「三岳」（みたけ），因而以此爲名。這與秩父的三峰山，包括妙法岳、白岩山、雲取山的總稱爲「三峰」，是同樣的道理。對面是日之出山（標高九百零二公尺），天氣好的時候，從日之出山可以遠眺東京鐵塔、霞關、筑波山，隔著多摩丘陵，甚至可以看到江之島。這區域是信仰之山，與高尾山一樣，都受到保護。因此，這裡留下了關東地方代表性的自然林，易於觀察垂直的植生分布。夏天時爲了觀察蓮華升麻的美麗花朵而來的人，可說絡繹不絕。

漫步御岳山

要前往御岳山，搭乘JR青梅縣在御岳站下車，車站前就有巴士，可以搭到御岳登山鐵道纜車的瀧本站，所需時間僅只十分鐘，在巴士上望向窗外，就可以看到這片地區廣布的自然林（常綠闊葉樹林）。下了巴士，沿著溪流走到瀧本站。溪畔森林的植物有櫸木、鬼胡桃、房櫻、大葉麻殼、伊呂波紅葉、小臭木、油瀝青、玉紫陽花等等。

御岳山的纜車是昭和十年（一九三五）開始運行，之後戰爭爆發，軌道營運停止，直到戰爭結束後昭和二十六年（一九五一）才再次開始運行。纜車從瀧本站（標高四百零七公尺）出發，到上御岳站（標高八百三十一公尺），有四百二十四公尺的標高差，平均傾斜度二十二度，最高傾斜度則是二十五度，斜度陡峭。但搭車的話，就只是一眨眼的工夫。

夏天時，面對御岳山站的斜坡上，有淡紫色的大花懸掛著，樣子像「蓮花」因而得名爲「蓮華升麻」，形成了花園。這是培植出來的植物，而它綻開的花朵非常令人驚嘆。這個地方春天還有片栗也會綻放。爬上斜坡後靠近山脊的地方，直徑超過一點四公尺的樅樹、赤松隨處可見。其下有梅花躑躅（杜鵑）、馬醉木、東國三葉躑躅、小紫陽花等在山脊上生長的低木。初夏時，屬於紫陽花屬，但沒有周圍「裝飾花」的小紫陽花，花朵呈淡紫色，小巧可愛而簡潔。我非常喜歡這花呢。

御岳山的紅葉

壯觀的神代櫸

走出參道，不遠處就是爲參拜者設置的「宿坊」。中途有古老的入母屋造的茅葺屋頂的房子遺留下來。再往前，變成坡道，就會看到巨大的櫸木。這棵櫸木稱爲「神代櫸」，國家指定天然紀念物。樹幹圓周據說有八點二公尺，樹幹已經成爲中空狀態，但樹勢依然強健。別名是「千年櫸」，樹齡千年以上自是不消說，可以確定的是，樹齡必定相當驚人。經過櫸木之後就是土產店、餐廳。山上的聚落是近世之後，江戶末期文化七年（一八一

蓮華升麻

馬醉木

小紫陽花

御岳山　神代櫸

○）時出現，一開始有大約六間茶屋。土產商店街開始的參道稱爲「霧之御坂」，曾經因爲老杉樹遮蔽了上方，即使在白天也顯陰暗的坡道。然而，昭和四十一年（一九六六）的颱風，吹倒了很多老杉樹，景色爲之一變。儘管變成了明亮的空間，殘留下的杉樹，卻讓人深刻感受到歷史年代，依然壯大。沿著參道是信徒參拜團體建立的登山紀念碑林立。大部分的人會從比較陡峻的男坂上來，但想走比較平緩坡道的人會從北邊的女坂上來，如此就可以看到北側一帶的絕景。對向的斜坡上有許多針葉樹，可以作爲這地方自然代表的樅樹和栂樹聳立前方，這些是太平洋側標高八百到一千公尺的地域爲中心分布的針葉樹，第三紀的遠古時代，從中國大陸南部渡海過來的祖先系進化之後的結果。

樅樹和栂樹的差異如下：樅樹的葉子先端分爲兩岔，如針一般。樹皮是黃色偏灰白色，有疣狀突起，叫做「皮目」。栂樹的葉子比樅樹短，前端也是有些許內凹，但並不似針狀。樹皮是赤色帶有褐色，會剝落。亞高山分布的米栂、大白檜曽、唐檜等屬於同科，在寒冷期時從北方南下的同一群體的品種，但遺傳上起源不同的群體。

山頂上祭祀的武藏御岳神社

御岳山山頂（標高九二九公尺）有武藏御岳神社。傳承上來說，這座神社是奈良時代的僧人行基所建，祭祀藏王權現。自古以來，這座神社就以農耕之神、防火災、防盜之神，在關東圈內廣爲信徒信仰的對象。莊嚴的本殿裡的玉垣內，有展示桃山建築遺構的東京都文化財舊本殿。本殿原來是面向南方（鎌倉方向？），慶長十年（一六〇五）重建時，作爲江戶城鎮的祈願所，因此改爲面向東方。

御岳山本殿裡有祭祀狼的大真口神社。爲何會祭祀狼？根據社史，以前日本武尊東征之際，在這一帶迷了路，當時，出現了一匹白狼（山犬）替他引路，並且指示他紮營地點。隔日出發時，武尊雖然希望白狼跟著一起走，不過，還是命令牠「你就在這裡守護留下的人的生活吧」，白狼遵從他的命令。後來，牠就保護人類免於火災、偷盜等事件。明治維新之前，稱作「神狗供所」，並稱其為「犬大神」供奉敬獻。御岳山發送印有神狼御影的神符，即使到現在，在武藏野生活的人，會在家門前、倉庫前，或者田地中央貼上神符，祈求免於火災、偷盜等災厄。

通往岩石花園的小徑

走下本殿前的石階，右轉進小徑繼續前行，會來到「長尾平」。春天時，現在已經很珍貴的碇草會開赤紫色的花。五月時，站在長尾平上，對面的鍋割山（標高一千零八十四公尺），山脊有栂樹的濃綠，坡面有橅樹鮮豔的黃綠色樹冠，非常美麗。長尾平的前端則是樅樹與栂樹生長，兩個種類都在觸手可及之處，可近距離觀察。從長尾平再繼續走更窄的小徑往山谷前行，沿著溪谷，就是稱為「岩石花園」的路徑。植物的構成就有變化，變成以桂、澤胡桃、千鳥木、十文字羊齒、兩面羊齒為主的溪畔林。岩石堆積的山谷中，「綾廣瀑布」附近，樹高三十八公尺、樹幹圓周四公尺的巨大桂樹聳立在此。這棵樹的名字是「御濱之桂」，據說是從元祿時代生長至今。這條小徑夏季涼爽，涼風舒適，水澤邊岩石陰影處，有長著一枚大葉子、開紫色花的岩煙草。

御岳山之森，美麗的春天新綠

千鳥木

碇草

栂樹的葉子與老幹

樅樹的葉子與樹幹
（圓圈內是樅樹葉子前端）

「御濱之桂」

御岳山在比高尾山還要高的位置，因爲如此，有許多在高尾山看不到的關東自然與植物可供觀察。五月連休時，這裡絕對是可以探訪新綠之美，也是可以避暑、悠閒散步的好地方。

24 東京都民的水源「水源林之森」

穩定的水供給來源

東京都多摩川流域所屬的水源林範圍含括奧多摩町、山梨縣小菅村、丹波山村、甲州市。東西長三十點九公里，南北長十九點五公里的地區，面積兩萬一千六百三十一公頃，相當於四千六百三十座東京巨蛋，東京二十三區總面積的百分之三十五。水源林大部分位於山梨縣，甲州市、丹波山村、小菅村，共佔百分之六十四，東京奧多摩町佔百分之三十六。水源林廣布於從海拔五百公尺到兩千一百公尺的區域，人工林約佔三成（五千九百六十一公頃），天然林

大正末期的笠取山一帶（照片提供：東京都水道局）

佔大部分，約七成，一萬五千零四十一公頃。

江戶時代，幕府認爲，爲了江戶的居民，必須確保玉川上水有穩定的水量。因此，將多摩川上游流域一帶作爲「天領」，以「禁制之山」爲名，禁止砍伐那裡的森林。明治時代，水源林地域成爲國有地，有限度地開放「公有地」，某些場所的利用遭到限制。對此政策出現不滿之聲，因此燒田地、樹木盜採事端不斷，甚至還有山林火災、山崩等嚴重狀況發生。

如果任憑森林繼續荒廢，對水源需求大的東京中心部，能否穩定供水就會令人擔心。東京帝國大學本多靜六教授舉行實地調查，建議多摩川水源地一帶的森林由東京府、或者是東京市直接經營。了解事態嚴重的明治政府於明治二十六年（一八九三），爲了確保多摩川的水源，因此將本來爲神奈川縣所屬的奧多摩町、青梅町等多摩三郡（西多摩郡、南多摩郡、北多摩郡）編入東京府。到明治三十四年（一九〇一），當時的東京府知事千家尊福購入了山梨縣域的御料林八千五百公頃，成爲東京府所有地。明治四十四年（一九一一），當時的東京市長尾崎行雄，在五天內騎馬實地視察，用十二萬元購入山梨縣的五千六百公頃，致力於擴展水源林的面積。前頁的照片是大正末期拍攝。這一帶是低木林，但後來因爲栽植林地的關係，現在這一區已經變成森林。

多摩川的源頭，一說是「水干」，從那裡流出的水流與許多支流合流之後形成多摩川，注入上游的小河內水壩。水壩是在昭和六年（一九三一）計畫興建，爲了穩定供給東京的用水，

水源地奧多摩遠景

於昭和三十二年（一九五七）完成。有十四個聚落、九百四十五戸人家沉入湖底。

小河內水壩的水，來自上游森林的供給，森林因爲土壤的保水力，約儲存了五千萬噸的水，超過水壩儲水量的四分之一。而從森林中沖刷下來的土砂，水壩堆積量「堆砂率」來看，上游的森林的確發揮效用。國土交通省在平成二十六年的調查，小河內水壩的堆砂率是百分之三。全日本的水壩平均堆砂率是百分之七，同年建設的佐久間水壩（靜岡縣）是百分之三十九。這表示植物的根有防止砂石移動的「緊縛力」，而防止砂石流向水壩。堀越弘司著《東京的水源林》中，發生大旱的平成六年（一九九四）夏天，利根川實施百分之五十的取水限制，多摩川的水也變細了，在大太陽底下，每秒約四立方公尺，每日約三十四萬立方公尺的水持續流動。「這些水量，是水源地的森林盡力提供出來的……」這樣的量，幾乎等同當時福岡市一日的水道使用量。因此，水源林的森林的重要性，可爲明證。

民有林購入模式的工作

小河內儲水池上游流域的森林中，約一萬公頃（約佔森林的四成）屬於民有林，這片森林長期以來因爲林業不振，因而沒有人願意接手，持續荒廢。東京都就收購荒廢的民有林，爲了保全水源地區的良好狀態，而採取「民有林購入工作」。從山林所有者手中購入人工林，由東京都獨自管理。解決水源林的諸多課題，維持森林安定。

水源林的部分則變成「東京都檜原都民之森」，每年約有三百萬人以上到訪。現在水源林不僅只承擔水源的機能，對都民來說，也是相當重要的綠空間。百年來，以東京都水道局的職員爲首，加上許多人一刻也不鬆懈的努力，森林才能維持、保有目前的狀態。

25 可以比較二種撫樹自然林差異的「三頭山之森」

高海拔地區的自然

三頭山，是多摩川南岸的大岳山（一千兩百六十七公尺）、御前山（一千四百零五公尺），以及奧多摩三山。其中最高峰是三頭山（一千五百三十一公尺）。這些山岳全部都在水源林內，以三頭山為中心，一百九十七公頃的地域，在平成七年（一九九五）指定為「東京都檜原都民之森」，因此三頭山地區積極的進行整頓，整建出總長二十三公里的散步道。

如果是開車，中央道上野原交流道進入奧多摩周遊道路，就可以抵達「都民之森」的入口。另外可由奧多摩湖周邊進入奧多摩周遊道路，一樣可以抵達入口。暑假的時候，以及紅葉季節，週末或者節日也會有巴士運行。

在三頭山，可以看到各式各樣因應地形而生長的植物和植物群落，是可以學習高海拔地區的自然的適當場所。從停車場開始走上坡，大約十分鐘會抵達森林館。從那邊開始走鋪滿碎木屑的「大瀧之路」步道。沿途，春天時丸葉空木的花朵會綻放，山谷對岸的水楢林中，墨綠的樅樹和米栂相當顯眼。走約一公里，會看見落差有三十五公尺的三頭大瀑布。瀑布周邊的岩場，有關東地區少見的常綠樹山車附著在岩石之上生長，可以特別觀察一下。

三頭大瀑布

矢車草

丸葉空木

山車

洪水後的澤胡桃再生林（圓圈內是新芽）

三頭山橅林（圓圈內是新芽）

三頭山的代表散步路徑「橅樹之道」

從瀑布開始，我們就走走代表性的散步路線「橅樹之道」吧。會到瀑布上部由許多大岩石組成的三頭澤。堆積在這裡的大岩石是約莫八百萬年前的熔岩固化而成的石英閃綠岩，這種岩石，約一直分布到八合目的高度。當地稱爲數馬御影石。三頭澤會定期大氾濫，因此在三頭澤中央的岩石上面幾乎沒有苔癬。周邊洪水影響不到的地方，樹高二十五公尺以上、直徑一點四公尺以上的桂樹和澤胡桃相當顯眼。根部周圍還會有許多溪畔林的植物，如矢車草、蟒蛇草、十文字羊齒等。

逐漸爬升的道路，沿著三頭澤，到標高一千兩百公尺的附近，坡度減緩許多，岩塊重疊。在平台狀的地方，岩石之間，有樹高二十五公尺的塩地樹，周邊有些許土砂堆積的地方，也有高度接近的澤胡桃樹、桂樹的大樹生長。不同的樹種會有不同的分布地點，樹木的「共棲共存生態」很明顯。這片澤地，因爲反覆氾濫，地形改變，植物的生長地點形成後又被破壞，循環不斷，因此可以看到直徑五到十公分的澤胡桃樹的小樹以點狀群生的方式生長。也有在澤胡桃樹的大樹之下，小樹林立之處。

繼續往上坡走，路徑離開了澤地，坡面有樹高十五公尺、直徑二十到二十五公分的水楢、樅、「鬼板屋」等落葉樹林，與溪谷沿岸的植物林不同。林床是沒有草本類的落葉闊葉林連綿。到達山脊，就是「蟲狩峰」（ムシカリ峠），那附近有「三頭山避難小屋」。小屋附近則有橅樹林。這一帶因爲鹿啃食而遭受獸害，所以草的高度頂多只有三十公分，如隈笹。

過了避難小屋，斜坡變得陡急，往山頂的道路周邊也因爲鹿的獸害影響，林內幾乎看不到草本植物。沿著道路爬升，就是三頭山的山頂。三頭山有西峰（一千五百二十四點五公尺）、中央峰（一千五百三十一公尺）、東峰（一千五百二十七點五公尺）三座山頂，因而得名。

視野良好的是西峰山頂。山頂一區有許多橅樹生長，可以眺望富士山、雲取山、奧秩父山巒、丹澤山地等，從山頂向西移動，山脊會變成「瘦長型」山脊狀，土壤不會移動的山脊部是橅樹，土壤會移動的斜坡是犬橅生長。日本的橅樹，就這兩種類相近。

那麼，橅樹跟犬橅的異同點是什麼？首先，橅樹是單幹的樹幹，犬橅則是叢生，一棵樹會有許多枝幹。橅樹的葉子跟犬橅比起來偏小，葉子是卵形，葉脈（側脈）有七到九對之多，葉子背面沒有絨毛。樹幹呈灰色而平滑。另一方面，犬橅葉子薄而大，側脈有十到十四對之多。葉子背面的脈上有長長的絨毛。樹幹是暗灰色，樹皮有明顯的疣狀突起。

從山頂往下，朝東走的話，會再次碰到「橅樹之道」。森林中橅樹與水楢佔多數，但林床上沒有植物。一方面，爲了避免鹿來啃食而設置的防鹿柵欄中，與周邊比較的話，草本植物生長旺盛。過去草本植物的生長其實是很常見的景象，現在只有在柵欄中才能生長，只能說鹿的影響實在很大。

櫸樹（左）與犬櫸（右）的葉

櫸樹的葉子與樹幹

犬櫸的葉子與樹幹

叢生的犬橅樹幹（秋）

新綠的犬橅林

一般來說，包括日本，亞洲的櫸樹林，林床有笹和竹與其同類共生頗爲普遍。不過，這座山曾經有完全不長笹的櫸樹林廣布。若以全日本來看，不長笹的櫸樹林在九州脊梁山脈的白鳥山、中國山地的臥龍山、四國的天狗高原，關東的丹澤山系，富士山、東北的北上山地的早持峰山、黑森山等。此現象的發現，在水移動緩慢的平坦地形、有很多空隙的火山灰土壤，全年高空中濕度、雨量多等氣象條件的性質綜合才會產生，即使在山脊，濕潤的地點形成的話，也會形成谷地生長植物所需的環境。這類環境的綜合效果稱爲「平尾根效果」。火山灰土壤堆積是日本特有的現象。詳細的內容請參照《日本林學會誌》（一九九五年）刊載的論文〈西中國山地山頂區域發達的濕性型櫸樹林與其環境〉（福嶋司、岡崎正規）。

我們繼續朝山下走。經過細窄的山脊上，交雜了岳樺與水楢的樹林廣布。其中可見樹高十五公尺、直徑達一點零五公尺的巨大水楢樹。林床有東國三葉杜鵑、梅花杜鵑、穗杜鵑等杜鵑花科植物，可明辨該處屬於土壤薄、乾燥的地點。同時還有栂樹和犬櫸也會出現。

標高一千三百公尺附近，沿著道路的斜坡，在水楢中也會混雜出現巨大的栗樹。樹高二十公尺以上，直徑零點八到一公尺。周邊的水楢只有直徑零點三到零點五公尺，相較之下，巨大許多。這恐怕也是來自於救荒作物，爲了撿拾栗樹的栗子而留下來的樹。再往下走，到標高一千一百四十二公尺的鞘口嶺，這裡有樹高二十公尺、樹幹直徑一點五公尺的巨大犬櫸。這棵犬櫸很可能也是東京都內最巨大的。

走下坡，就是散步最剛開始的「森林館」。森林館的周邊有木材工藝中心、燒炭窯、山葵田等，可以一窺昔日山中生活的片段。「樵樹之道」路線，谷地有茂盛的溪畔林，山脊到坡面有茂盛的櫸樹、犬樵林，可以近身觀察奧多摩的自然林樣貌，也可以看到人類長時間利用之後反映出的二代林的樣貌。植物種類多樣，在四季變化中，賞玩花與果實的樂趣。

終章
守護、培育、打造中的森林

柳窪 · 目黑川沿岸天滿宮一帶的森林

森林與人的關係

到現在，我們走過東京許許多多的森林，也了解它們的特徵。東京的森林與其他地方的森林，也永遠都維持在變動，留下各式各樣的美麗樣貌。然而，另一方面來看，因爲環境變化，讓長久以來維持的「森林與人的關係」慢慢崩壞，都市化的進行，森林的消失、縮減、分割開來，雜木林因爲管理不足而產生質的變化，森林的樣貌與種類有均一化的傾向。

不禁讓人覺得如此這般的東京森林已然滿身瘡痍。

不過，我們不只看見問題，也看到了爲了保存昔日的自然，展開了新的方向。因此，最後一章，我們就改變觀點，從以下幾點來談：

一、憑藉人類強烈的意志，保護昔日地方上的自然，使其免於消失的例子。

二、許多充滿熱忱的人謹愼守護森林的例子。

三、在東京灣塡海造地，打造大規模森林的例子。

26 保留江戶人生活風景的「柳窪之森」

免於消失的自然

首先，我們來看因爲人們強烈的意志，讓昔日地區的自然免於消失、保護留存的例子。這是在東久留米市的柳窪，那一帶是小平靈園北方的黑目川流域。這片地區在江戶初期（寬文年間左右，一六六一到一六七三），因爲移居到此的人開墾出來的，因此也在此形成柳窪聚落。黑目川的源頭在小平靈園內的北側、新青梅街道附近的「槐窪」（さいかち窪）。從水源湧出的水，會因爲季節變化而有枯水期出現。水流經的天神社附近，有些地方可以看到從川底湧出的泉水。這條河川沿岸的聚落一帶，有樹高三十公尺的櫸木和椋木林立，再加上宅邸中的林木，因而形成整片的綠。其中一部分被指定爲「柳窪綠地保全地域」。

東久留米市也將這一區域指定爲「市街化區域」，都市化逐漸向郊外擴增的潮流下，一幢幢住宅出現，不只田地與平地林，連宅邸中的林木也都逐漸消失，其中甚至出現了「愛情旅館」之類的建築。

看到這樣的發展狀況，想要保護昔日自然景觀、防止胡亂開發，柳窪地區的有志之士，大約有十戶，合力提出申請地域用途的變更，從「市街化區域」轉爲「市街化調整區域」，也就

柳窪　村野家的宅邸林

柳窪　村野家（圓圈内是熊谷草）

是所謂的「反向擴展」（逆線引き）。然而，以行政決定的都市計畫法爲基礎原則來看，變更非常不容易。再者「市街化區域」因爲可以開發，所以具有高資產價值，「市街化調整區域」則是開發會受到強制限制，因此土地的買賣價格會變得很低。但即使如此，有志之士還是選擇了保存這片地域的自然。也許是他們的熱切與誠意，綠意盎然的柳窪聚落有十二公頃的區域，在平成二年（一九九〇）從「市街化區域」變更爲「市街化調整區域」的申請成爲可能。這片區域有蒼鬱的櫸木、白樫形成的宅邸樹林遺留下來。其中格外令人注目的是有高大櫸木的「村野家」，村野啓一郎也是這項行動的核心。他過世後，其妻美代子繼承其遺志，繼續維持、管理。村野家則以啓一郎命名的「顧想園」爲名。

天寶九年（一八三八）建設的茅葺民家的主屋、藥醫門與中雀門等許多建築物都登錄爲有形文化財。庭院中，各處種植了各式各樣的植物，營造出充滿季節感的景象，其中有在武藏野已經急遽減少，越來越不容易看見的熊谷草、金蘭、銀蘭，都受到慎重保護，每年春天，會綻放美麗的花朵。樹高超過三十公尺，直徑達一公尺以上，枝繁葉茂的巨大櫸木也相當多。現在，顧想園因爲許多志工的努力，成爲「綠的見學」相當理想的地方。每年有數次開放，供人參觀、觀察。

在不斷開發的東京，像「柳窪之森」這樣的住宅區當中，也有極顯眼的蒼鬱森林殘留在各處。當中有個人住宅的宅邸林，所有者相當辛苦地維持管理，守護著樹林永存。如果包含稅制改善等對策沒有與時俱進的話，這些住宅區中的林地就會逐漸消失。

最近，守護東京宅邸樹林的「東京屋敷林Net Work」的小組織開始運作，雖然活動尚在草創初期，但定期會舉辦宅邸林的觀察會、學習會，會員、所有者與行政三方合作摸索「符合眾望的保全方法」。前面提到的村野美代子，還有我，也都是會員。關切此議題的人，可上網站查詢。

27 眾人熱心守護、培育的「一橋大學之森」

與自然共存

接下來要介紹的是，大學相關人員、畢業生、在校生，同心協力一起管理森林的國立大學法人一橋大學的例子。學校從神田的一橋轉移到目前的地方，這片國立的地在武藏野台地立川面的平地谷保村近郊，雜木林與旱田廣布，看起來很平凡的地區。這裡是箱根土地株式會社的堤康次郎在大正十四年（一九二五），參考德國的大學城哥廷根（Göttingen），以大學爲中心所提的都市建設計畫。而兩年前，大正十二年（一九二三）九月一日，發生了關東大地震。位於神田一橋的東京商科大學（現在的一橋大學）損傷相當嚴重。後來那裡決定再建新的大學，原有的大學將轉往國立。

一橋植樹會、教職員、學生等志工活動，現在以一個月一回的進度執行具體的綠地管理。而且原則上，以零廢棄物爲目標，採伐、鋤草等製造出來的枝葉與樹木，就做成木屑或者削成柴薪狀，提供給昆蟲作爲生活場所，等待時間重新回歸自然。每次活動的參加者，有學長姊、學生、教職員等合起來超過百名以上，而且每年人數都在增加。活動開始已經有十年左右，有越來越多愛護母校的人士參加校園的綠地管理，實質成果也讓人看到校園的綠更富於變化。

聚集了學長姊、學生、教職員，以自己的手來管理大學的綠地，這種方式在其他大學前所未見。校園綠地管理的理想活動型態，可說是全日本首創。

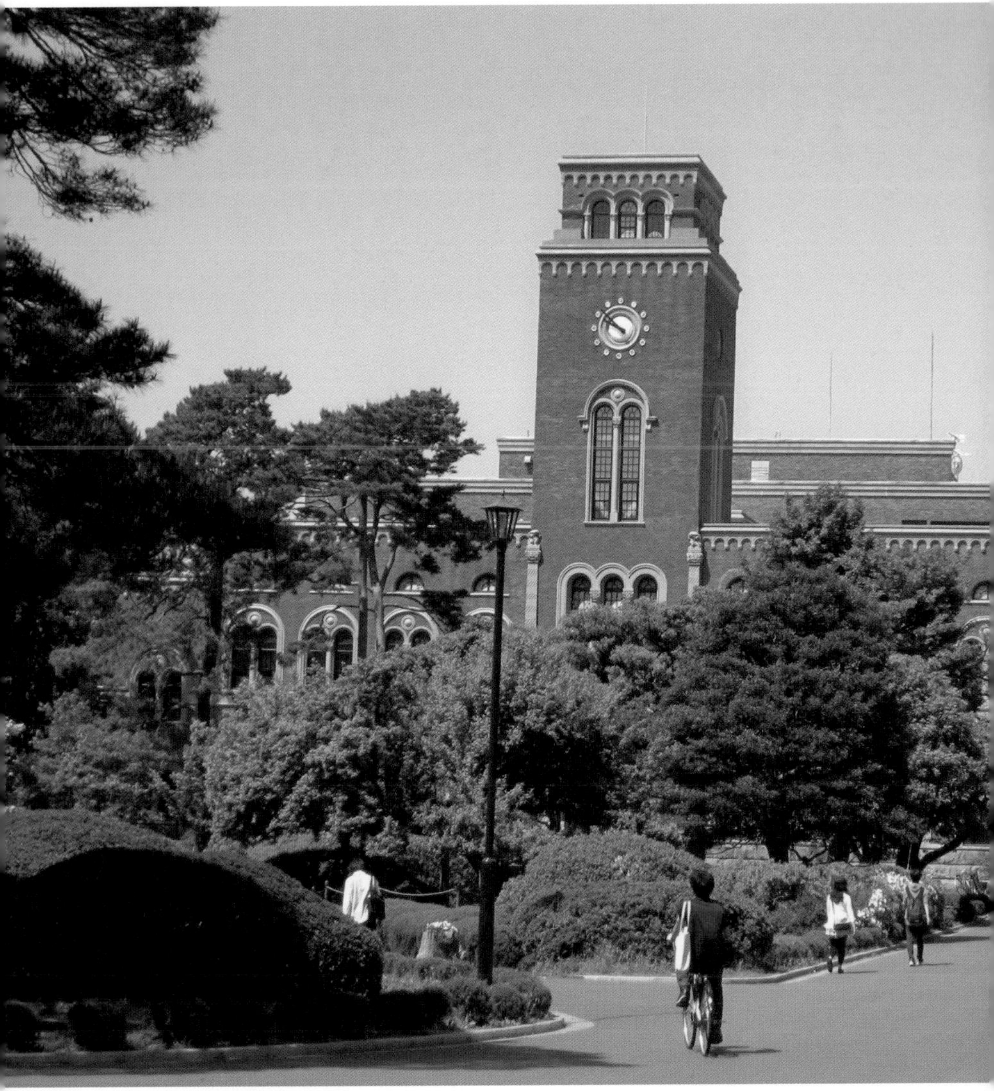

一橋大學圖書館與前庭園

28 東京灣進行中的壯麗森林造成計畫「海之森」

遺產的事業

談到「海之森」，二〇二〇年東京奧運會的划船競賽會場問題，聽過這個名字的人應該也不少。然而，儘管聽過這個名字，但這裡究竟在什麼地方，是長怎麼樣，或許大部分的人都不清楚吧。

東京灣填海造地的最前線，昭和四十八年（一九七三）開始到昭和六十二年（一九八七），使用了區部產生，約有一千兩百三十萬噸的垃圾，填出一座人工島來。從那裡可以望見羽田機場。在這片新生地上，用三十年的時間，打造大規模的森林，就是「海之森」計畫。面積有八十八公頃，約日比谷公園的五點五倍，東京巨蛋的十九倍。與明治神宮森林的營造，兩者同樣都是遺產的事業。

這座公園與一般市區內的公園並不相同，與台場公園、東京港野鳥公園、辰巳之森海濱公園、新木場公園等，同是東京灣沿岸二十八處地域的海上公園。

東京都在平成十三年（二〇〇一）宣告，中央防波堤內側的海埔新生地上，預定整頓爲海上公園，並且做問卷調查，詢問大眾希望有座什麼樣的公園。結果有將近半數的人回答：「希望能夠打造一座能夠留給未來世代的大森林公園。」平成十五年（二〇〇三）十一月，當時東京知事石原慎太郎向東京都海上公園審議會諮詢「中央防波堤內側海之森（暫定）構想」。很幸運地，當時我擔任審議會的會長，因此可以密切地參與這項計畫。

要打造出什麼樣的森林

在海岸環境中，強烈的海風、鹽分濃度高，要打造出一座森林來，最重要的是能夠承受這些嚴苛的條件。此外，森林必須長時間穩定維持才行。所以，必須要能與這片土地相合的植物群落才行。還有，要種植的樹木的調度也是很大的問題。

我們常常說：「就用橡實來打造森林吧。」然而靠近海邊強風吹拂的地區，用橡實培育出來的樹種，像是葉子薄的小楢與櫟樹等落葉樹種，一遇到強風，葉子就被打壞，鹽分也會滲入葉子，就很難生長。這裡可以種植的樹種必須要能經得起海岸的強風，也必須要有耐鹽性，符合這些條件才行。因此這是海岸地區生長的自然林的植物選擇的目標，例如黑松、椨樹、栲樹和榎樹等高木樹種。有些場所也可能生長的秋榆。亞高木層的品種如藪肉桂、姬讓葉、姥目樫等，還有低木的柾樹、扉樹、丸葉車輪梅，都可作爲備選。

首先，從核心樹種開始栽種，包括由鳥類等從外面帶來的種子的侵入，漸漸地樹種會持續

邁向未來、建造中的「海之森」

柾

扉的花

扉的果實

增加，當然，跟隨著時間變化產生的植物變遷，也就是，必須加入植物群落的演進的考慮。這樣一來，就可以確實地在東京灣沿岸打造出一座與自然林相較毫不遜色的森林。

幸運的是，「海之森」計畫用地的一角，有可以作爲推測栽種樹木之後發展型態的模型。這片區域的北側，在平成八年（一九九六）五月十九日，舉辦了第四十七回全國植樹祭，已經種下許多樹木。當時種的栲樹、槲樹等樹苗，經過二十年，已經成長到五公尺以上了。道路盡頭還有成長異常，長到十公尺左右的秋茱萸。這片林子中（林床），由鳥運來的種子發芽長成的榎、椋木等高木性樹木，還有扉樹、八手等低木也開始成長，還可以看到許多草本種在此生長。

在「海之森」，爲了維持這些植物的成長，土壤條件的調整，是非常重要的。植物的生長基準是垃圾層。所以，預期要改善土壤環境，讓植物的根能夠延伸得更爲深入，在垃圾層上覆蓋一點五公尺改良的建設殘土，再上面一層，則是約有三十公分的土壤鋪在上面。即使只有三十公分，但森林整片區域要都鋪上的話，所需的土壤量也非常可觀。而且，如果從某個地方蒐集土壤運到此處，那麼提供土壤的那個地方，土壤也會消失吧。

爲了解決這個問題，東京都考慮，在一年中都內公園有七萬立方公尺因整理而產生的枝葉，將之堆肥化。爲此建設了工廠，並且已經順利運作。再者，在這麼廣大的面積中，一下子全部一起種下各種樹種，也不容易。所以，先整理出海上公園各地的苗圃，培育樹苗，並且請小學來支援樹苗的培育。培育好的樹苗，也會定期舉辦活動，邀請許多人一起來參與植樹。

「海之森」的計畫就這樣確實進行中。這一個地方是東京的海與天空的玄關，森林也會成爲重要地標，以及東京的中央公園，成爲歷史上重要的遺產。

現在，土地造成仍在持續進行中，即使舉辦活動的時候，也無法讓人自由探看、進入這片區域，但以後一定會開放。

孕育森林這項工作，必須著實地下功夫管理。種下的樹木，每一棵都承載著將來的夢想，因此必須謹慎地培育才行。

丸葉車輪梅

榎

秋茱萸

後記

一直以來，我在東京農工大學，是參與以植生學爲基礎的應用研究領域的植生管理學研究與教育。有許多機會能在東京的森林中漫步，仔細觀察森林現況。因此，心中總有個念頭，希望有朝一日能將東京森林的精采與個性，向更多人好好介紹。

東京森林具有多樣性，而且也有各式各樣的個性。植物與植物群落，與地形、人類干涉的歷史等重疊起來看，就會看到許多東西。是植物蓬勃生長，也是受到人類影響，一邊變化出各種樣貌，努力生存下去的森林的型態。再者，受到有意識地保存森林的人的努力，而避開消失的危機的森林，還有面對未來，大規模打造而成的森林。東京的森林會一直變動，時時刻刻都在改變樣態。在東京，多樣的植物組合而成的森林也會一直存續。

我在這本書中逐一介紹「東京森林」，也只是我從個人的角度出發，其中也許不小心有些疏忽或者未曾看見的部分。讀者諸君，請務必用自己的眼睛，去尋找我未曾發現的「東京森林」的精采。如果，在觀察之時，能從此書得到基礎訊息，進而發揮功用的話，也是我撰寫這本書最大的喜悅。

非常感謝爲這本書草擬計畫的講談社學藝部所澤淳、給予各種建議的小林唯，還有在實地調查時提供多方協助的人，雖然無法一一列舉各位的名字，但在此致上深深的感謝。

福嶋　司

二〇一七年於早春的武藏野

主要參考文獻

本書參考了非常多的著作，論文等資料，無法一一詳細表列，因此，只在此處列出其中代表書籍與報告、論文。

書籍，報告

相関芳郎《東京のさくら名所今昔》一九八一年，東京公園文庫8，郷学舎
浅野三義・鳥居恒夫《神代植物公園》一九八一年，東京公園文庫37，郷学舎
蘆田伊人編輯校訂・根本誠二補訂《新編武蔵風土記稿》第四卷・五卷，一九九六，雄山閣
今泉宜子《明治神宮》二〇一三年，新潮選書
植田孟縉著・片山迪夫校訂《武蔵名勝図会》一九九三年，慶友社
内山正雄・養茂寿太郎《代々木の森》一九八一，東京公園文庫20，郷学舎
大石学《首都江戸の誕生》二〇〇二年，角川選書346
大館勇吉《奥多摩風土記》一九八〇年，武蔵野郷土史刊行会
大場磐雄監修《多摩の歴史6》一九七五年，武蔵野郷土史刊行会
貝塚爽平《東京の自然史》一九七九年，紀伊國屋書店，二〇一一年，講談社学術文庫

金井利彦《新宿御苑》一九九九年，東京公園文庫3，東京都公園協会
環境庁《自然環境保全基礎調査報告書》一九七六年
北村信正《清澄庭園》一九八一年，東京公園文庫18，郷学舍
北村信正・吉田格・川崎博茂《小金井公園》一九九五年，東京公園文庫34，東京都公園協会
小金井市《小金井市誌Ⅱ 歷史編》一九七〇年
小金井市教育委員会《小金井市の歴史散步》二〇〇五年
小金井市教育委員会《名勝小金井桜絵巻》二〇一五年
国分寺市教育委員会《武蔵国分寺のはなし》二〇一〇年
小杉雄三《浜離宮庭園》二〇一二年，東京公園文庫12，東京都公園協会
小林安茂・中島宏《林試の森公園》一九九六年，東京公園文庫43，東京都公園協会
斎藤利夫・大谷希幸《野火止用水》一九九〇年，有峰書店新社
桜井信夫《自然教育園》一九八一年，東京都公園文庫25，郷学舍
島内景二《柳沢吉保と江戸の夢》二〇〇九年，笠間書院
末松四郎《東京の公園通誌下》一九八一年，東京公園文庫32，郷学舍
鈴木理生《江戸の都市計画》一九八八年，三省堂
米光秀雄・滝沢博・浅井徳正《多摩風土とその歴史》一九六九年，武蔵書房

田中正大《東京の公園と原地形》二〇〇五年，けやき出版
東京都公園協会《徳川三代将軍から大名・庶民まで，花開く江戸の園芸文化―その保全と継承》二〇一一年
東京都教育委員会《名勝小金井（サクラ）現況調査報告書》一九九五年
東京都北区《平成二〇年度北区緑の実態調査報告書》二〇〇九年
東京都国立市《国立の植生国立市植生調査報告書》一九九〇年
東京農工大学創立記念事業会《東京農工大学百年の歩み》一九八一年
東京の川研究会《「川」が語る東京》二〇〇一年，山川出版社
中島宏・桜田通雄・山口善正《水元公園》一九九七年，東京公園文庫44，東京都公園協会
日本の地質「関東地方」編集委員会編《日本の地質3 関東地方》一九八六年，共立出版
濱中克彦《奥多摩》一九九五年，東京公園文庫41，東京都公園協会
福嶋司・萩原信介「動いている自然教育園の森」《大都会に息づく照葉樹の森―自然教育園の生物多様性と環境》（濱尾章二・松浦啓一編），二〇一三年，東海大学出版会
府中市教育委員会《大国魂神社社叢の研究》一九九三年，府中市郷土資料集15
府中市郷土の森博物館《馬場大門のケヤキ並木》二〇〇五年，府中市郷土の森博物館ブックレット7
府中市郷土の森博物館《代官川崎平右衛門》二〇〇九年，府中市郷土の森博物館ブックレット10
府中市郷土の森博物館《多摩川中流域自然地理ガイド》二〇〇九年，府中市郷土の森博物館ブックレット11

堀越弘司《東京の水源林》一九九六年，けやきブックレット21
前島康彦《井の頭公園》一九八〇年，東京公園文庫2，郷学舎
前島康彦《皇居外苑》一九八一年，東京公園文庫9，郷学舎
松井光瑶・内田方琳・谷本丈夫・北村昌美《大都会に造られた森——明治神宮の森に学ぶ》一九九二年，第一プランニングセンター
三木茂《メタセコイア生ける化石植物》一九五五年，日本礦物趣味の会
村野美代子《顧想園の記（村野啓一郎遺稿抄）》二〇一四年，冬花社
明治神宮社務所《鎮座百年記念第二次明治神宮境内総合調査報告書》（鎮座百年記念第二次明治神宮境内総合調査委員会）二〇一三年
米光秀雄《歴史探訪多摩の古寺》一九八四年，ぎょうせい
渡部一二《図解武蔵野の水路》二〇〇四年，東海大学出版会

論文

亀井裕幸・福嶋司・矢野亮・遠藤拓洋「2014年2月の大量降雪による自然教育園の樹木被害について」二〇一四年，《自然教育園報告》45
林弥栄・小山芳太郎・小林義雄・大河原利江・峯尾林太郎・飯田重良「高尾山天然林の生態ならびにフロラの研究」一九六六年，《林業試験場研究報告》一九六号
福嶋司・門屋健「樹木の構成と配置からみた都市公園の防火機能に関する研究」一九八九年，《森林立地》31（2）
福嶋司・岡崎正規「西中国山地の山頂部に発達する湿性型ブナ林とその立地環境」一九九五年，《日本林学会誌》77（5）
矢野亮・桑原香弥美「自然教育園におけるキアシドクガの異常発生について（第7報）」二〇一二年，《自然教育園報告》43
山下邦博「針葉樹と広葉樹の発火性の相違について」一九八六年，《火災》36（5）

索引

日文	日漢字	中文	學名
アイアスカイノデ	合飛鳥猪手		Polystichum longifrons Kurata
アオキ	青木	桃葉珊瑚、東瀛珊瑚	Aucuba japonica
アオハダ	青肌	大柄冬青	Ilex macropoda
アカカシ	赤樫	日本常綠橡樹	Quercus acuta
アカシデ	赤四手		Carpinus laxiflora
アキニレ	秋楡		Ulmus parvifolia
アキグミ	秋茱萸	小葉胡頹子	Elaeagnus umbellata
アラカシ	粗樫	青剛櫟	Quercus glauca
アサザ	阿佐佐	荇菜	Nymphoides peltata (S.G.Gmel.) Kuntze
アズマネザサ	東根笹		Carpinus laxiflora
アメリカキササゲ	美州木大角豆		Catalpa ovata
アベマキ	椚	栓皮櫟	Quercus variabilis
アブラチャン	油瀝青	大果山胡椒	Lindera praecox

日文	日漢字	中文	學名
アセビ	馬酔木	馬醉木	Pieris japonica subsp. Japonica
アワブキ	泡吹	清風藤科	Meliosma myriantha Sieb.et Zucc.
イカリソウ	碇草	淫羊藿	Epimedium grandiflorum var. thunbergianum
イヌシデ	犬四手、犬垂	昌化鵝耳櫟	Carpinus tschonoskii
イヌツゲ	犬黃楊	齒葉冬青、日本冬青	Ilex crenata
イヌブナ	犬橅	山毛櫸	Fagus japonica Maxim
イノデ	豬手	棕鱗耳蕨	Polystichum polyblepharum (Roem.) Pr.
イタドリ	虎杖、痛取	虎杖	Fallopia japonica
イチョウ	銀杏	銀杏	Ginkgo biloba L.
イロハモミジ	伊呂波紅葉、いろは紅葉	雞爪槭、又名雞爪楓、日本槭、日本楓、日本紅楓	Acer palmatum
イワタバコ	岩煙草	苦苣苔	Conandron ramondioides Siebold et Zucc.
ウコン	鬱金、欝金、宇金、郁金、玉金	薑黃	Curcuma longa
ウツギ	空木	齒葉溲疏	Deutzia crenata

日文	日漢字	中文	學名
ウラジロガシ	裏白樫	白背櫟	Quercus salicina
ウォレマイ・パイン		瓦勒邁杉	Wollemia nobilis
ウワミズザクラ	上溝櫻	上溝櫻	Prunus grayana Maxim.
ウバメガシ	姥目樫	烏岡櫟	Quercus phillyraeoides
ウワバミソウ	蟒蛇草	樓梯草、赤車使者	Elatostema umbellatum
エゴノキ		野茉莉	Japanese snowbell
エドヒガン	江戸彼岸		Prunus spachiana Kitamura f. ascendens Kitamura
エノキ	榎	朴樹	Celtis sinensis var. japonica
エビネ	海老根		Calanthe discolor
オウシュトネリコ		歐洲梣	
オオシラビソ	大白檜		Abies mariesii Mast.
オオシマサクラ	大島櫻		Prunus lannesiana Wils. var. speciosa Makino
オオムラサキ	大紫杜鵑		

日文	日漢字	中文	學名
オクモミジハグマ	奥紅葉白熊		A.acerifolia var.subapoda Nakai
オケラ	朮	關蒼朮	Atractylodes japonica
オトコヨウゾメ		莢蒾	Viburnum phlebotrichum
オニイタヤ	鬼板屋	鬼楓	
オニグルミ	鬼胡桃		Juglans mandshurica var. sachalinensis
オニヤブソテツ	鬼藪蘇鉄		Crytomium fortunei J. Sm.
オニバス	鬼蓮		Euryale ferox Salisb.
オオモミジ	大紅葉		Acer amoenum Carr.
オオバギボウシ	大葉擬宝珠		Hosta sieboldiana
オオバアサガラ	大葉麻殼		Pterostyrax hispida
オオバヤシャブシ	大葉夜叉五倍子		Alnus sieboldiana Matsum.
オオシラビソ	大白檜曽		Abies mariesii
カエデ	槭、槭樹、楓	楓樹、槭樹	Acer

日文	日漢字	中文	學名
カガハンザイライ	加賀藩在來		
カキノキ	柿木	柿樹	Diospyros kakiL. f.
カクレミノ	隱蓑	三菱果樹參	Dendropanax trifidus (Thunb.) Makino
カゴノキ	鹿子木	朝鮮木姜子	Litsea coreana H.Lv、Litsea lancifolia (Sieb. et Zucc.) F.Vill.
カスミザクラ	霞櫻		Prunus leveilleana
カシワバハグマ	柏葉白熊		Pertya robusta
カタクリ	片栗		Erythronium japonicum
カツラ	桂、葛、鬘		Cercidiphyllum japonicum Sieb. et Zucc.
キヅタ	木蔦	菱葉常春藤	Hedera rhombea (Miq.) Bean
ガマ	蒲、香蒲		Typha latifolia L
カマツカ	鎌柄	毛葉石楠	Pourthiaea villosa
ガマズミ	莢蒾	莢蒾	Viburnum dilatatum
カワヂシャ	川萵苣	水苦蕒	Veronica undulata Wall.

日文	日漢字	中文	學名
カワラノギク	川原野菊		Aster kantoensis Kitam
カワラナデシコ	河原撫子		Dianthus superbus L. subsp. longicalycinus (Maxim.) Kitam.
カンザン	関山		Prunus lannesiana Wils. cv. Sekiyama
カンアオイ	寒葵		Asarum nipponicum
カンヒザクラ	寒緋桜	緋寒櫻	Prunus cerasoides D. Don var. campanulata Koidz.
キササゲ	木大角豆	梓樹	Catalpa ovata
キッコウハグマ	亀甲羽熊		Ainsliaea apiculata Sch.-Bip.
キッコウチク	龜甲竹		Phyllostachys heterocycla
キンラン	金蘭		Cephalanthera falcata
キンメイモウソウ	金明孟宗竹		Phyllostachys heterocycla
ギョイコウ	御衣黃櫻		
キブシ	木五倍子		Stachyurus praecox
ギンラン	銀蘭	銀蘭	Cephalanthera erecta

日文	日漢字	中文	學名
クスノキ	樟、楠	樟樹	Cinnamomum camphora
クヌギ	櫟	麻櫟	Quercus acutissima Carr.
クリノキ	栗木		Castanea crenata
クロマツ	黒松	日本黑松	Pinus thunbergii
クロモジ	黒文字		Lindera umbellata
クマザサ	隈笹	山白竹	Sasa veitchii
クマガイソウ	熊谷草	扇脈杓蘭	Cypripedium japonicum Thunb.
ゲッケイジュ	月桂樹		Laurus nobilis
ケヤキ	欅		Zelkova serrata
コゴメウツギ	小米空木	冠蕊木	Stephanandra incisa (Thunb.) Zabel
ゴマノハグサ	胡麻の葉草	北玄參	Scrophularia buergeriana
コウサカリンゴ	高坂蘋果		
コウヤマキ	高野槙、高野槇		Sciadopitys verticillata

日文	日漢字	中文	學名
コウヤボウキ	高野箒		Pertya scandens Sch. Bip.
コオニユリ	小鬼百合		Lilium leichtlinii Hook. f. var. tigrinum (Regel) Nichols.
コメツガ	米栂	陳鐵杉	Tsuga diversifolia (Maxim.) Mast.
コナラ	小楢		Quercus serrata
コブクザクラ	子福櫻		
コブナグサ	子鮒草		Arthraxon hispidus Mak
コブシ	辛夷	日本辛夷	Magnolia kobus
コクサギ	小臭木	臭常山	Orixa japonica
コウホネ	河骨	日本萍蓬草	Nuphar japonicum
コバノトネリコ	小葉梣		Fraxinus lanuginosa f. serrata
サクラ	桜	櫻	
サカキ	榊	紅淡比	Cleyera japonica Thunb.
ザサ	笹	華箬竹屬	

日文	日漢字	中文	學名
サワフタギ	沢蓋木		Symplocos sawafutagi
サワラ	椹		Chamaecyparis pisifera
サンゴジュ	珊瑚樹	珊瑚樹	Viburnum odoratissimum Ker-Gawl.
サルスベリ	百日紅	紫薇	Lagerstroemia indica L.
サワグルミ	澤胡桃		Pterocarya rhoifolia
シイ	椎	錐栗屬	Castanopsis cuspidata (Thunb.) Schottky
シオジ	塩地樹	象蠟樹	Fraxinus spaethiana Lingelsh.
シダ植物	羊歯植物		
シダレヤナギ	枝垂柳	垂柳	Salix babylonica
ジャノヒケ	蛇鬚	麥門冬	Ophiopogon japonicus (Thunb.) Ker-Gawl.
シラカシ	白樫	小葉青岡、黑櫟	Quercus myrsinaefolia Bl.
シラベ	白檜	白檜	Abies veitchii
シロダモ		金新木薑子	Neolitsea sericea (Bl.) Koidz.

日文	日漢字	中文	學名
シナユリノキ		鵝掌楸	L.chinense (Hemsl.) Sarg.
ジンダイアケボノ	神代曙		Cerasus x yedoensis (Matsum.)
シュロ	棕櫚	棕櫚	Trachycarpus fortuni
ジュウモンジシダ	十文字羊歯	戟葉耳蕨	Polystichum tripteron (Kunze) Presl
シンジュ	神樹	樗、臭椿	Ailanthus altissima Swingle
スギ	杉	日本柳杉	Cryptomeria japonica
スズタケ	篠竹		Sasamorpha borealis (Hack.) Nakai
ススキ	芒、薄		Miscanthus sinensis
スダジイ	栲	鬣蒴栲	Castanopsis sieboldii
スミレ	菫	紫花地丁	Viola mandshurica W. Becker
セツブンソウ	節分草		Eranthis pinnatifida
ソメイヨシノ	染井吉野櫻		Cerasus xyedoensis (Matsum.) Masam. & Suzuki 'Somei-yoshino'
タイサンボク	泰山木、大山木	荷花玉蘭	Magnolia grandiflora

日文	日漢字	中文	學名
ダケカンバ	岳樺	岳樺	Betula ermanii
タカオスミレ	高尾菫		Viola yezoensis discolor
タガネソウ	鏨草	寬葉薹草	Carex siderosticta Hance
ツクバネガシ	衝羽根樫		Quercus sessilifolia Bl.
タブ、タブノキ	椨	紅楠	Machilus thunbergii Sieb. et Zucc.
タチヤナギ	立柳		Salix subfragilis Anderss
タカネザクラ、ミネザクラ	高嶺櫻		Prunus nipponica
タマアジサイ	玉紫陽花		Hydrangea involucrata
タマノカンアオイ	多摩寒葵		Asarum tamaense
ダンコウバイ	檀香梅	三椏烏藥	Lindera obtusiloba Bl.
チドリノキ	千鳥の木		Acer carpinifolium
チゴユリ	稚兒百合	山東萬壽竹	Disporum smilacinum
チョウジザクラ	丁字桜		Prunus apetala Franch. et Sav.

日文	日漢字	中文	學名
ツガ	栂樹		Tsuga sieboldii
ツワブキ	石蕗	大吳風草	Farfugium japonicum
ツクバネウツギ	衝羽根空木		Abelia spathulata Sieb. et Zucc.
つる植物・	蔓植物	攀緣植物	climbing plant
テイカカズラ	定家葛		Trachelospermum asiaticum
トウカエデ	唐楓	三角槭	Acer buergerianum Miq.
トウゴクミツバツツジ	東国三葉躑躅	東國三葉杜鵑	Rhododendron wadanum Makino
ドウダンツツジ	灯台躑躅、満天星		Enkianthus perulatus
トウネズミモチ	唐鼠黐	女楨	Ligustrum lucidum
トウヒ	唐檜	卵果魚鱗雲杉	Picea jezoensis (Sieb. et Zucc.) Carr. var. hondoensis (Mayr) Rehd.
トラノオスズカケ	虎尾鈴懸	虎尾鈴懸草	Veronicastrum axillare (Sieb. et Zucc.) Yamaz.
トベラ	扉木	海桐	Pittosporum tobira
トネリコバノカエデ（ネグンドカエデ）	土禰利古葉楓	梣葉槭	Acer negundo L.

日文	日漢字	中文	學名
ナンテン	南天	南天竹	Nandina domestica
ナガバコウヤボウキ	長葉高野箒		Pertya glabrescens
ニセアカシア	針槐	刺槐	Robinia pseudo-acacia L.
ニリンソウ	二輪草		Anemone flaccida
ニレ科		榆科	
ネムノキ	合歡木	合歡樹	Albizia julibrissin Durazz.
バイカツツジ	梅花躑躅	梅花杜鵑	Rhododendron semibarbatum Maxim.
はぎ	萩		Lespedeza
ハチク	淡竹	毛金竹	Phyllostachys nigra (Lodd.) Munro var. henonis (Bean) Stapf
ハンノキ	榛木	日本榿木	Alnus japonica
バイモ	貝母、編笠百合	黃花貝母	Fritillaria verticillata var. thunbergii
ハンゲショウ	半夏生、半化粧、		学名 Saururus chinensis
ヒイラギ	柊・疼木・柊木		Osmanthus heterophyllus

日文	日漢字	中文	學名
ヒノキ	檜	日本扁柏	Chamaecyparis obtusa
ヒノキ科		柏科	
ヒカゲスゲ		大批針薹草	Carex lanceolata Bott
ヒイラギナンテン	柊南天	台灣十大功勞	Mahonia japonica
ヒトリシズカ	一人静		Chloranthus japonicus
ヒバ	檜葉		Thujopsis dolabrata
ヒサカキ	柃		Eurya japonica
フサザクラ	房櫻		Euptelea polyandra
ピラカンサ		火刺木	Pyracantha
ヒマラヤスギ	ヒマラヤ杉	喜瑪拉雅雪松	Cedrus deodara
ヒマラヤシーダ	ヒマラヤ杉	喜馬拉雅雪松	Himalayan cedar
ヒメガマ	姫蒲		Typha domingensis
ヒメユズリハ	姫譲葉		Daphniphyllum teijsmannii

日文	日漢字	中文	學名
フゲンゾウ	普賢象		Cerasus ×lannesiana Carriere, 1872 'Alborosea'
フクジュソウ	福壽草		Adonis amurensis Regel et Radd.
フタリシズカ	二人静		Chloranthus serratus
ブナ	橅、欅	日本山毛欅	Fagus crenata Blume
プラタナス	鈴懸木	懸鈴木、篠懸木、法國梧桐	Platanus
ベニシダ	紅羊歯	紅蓋鱗毛蕨	Dryopteris erythrosora
ホオノキ（、、シノニム：M. hypoleuca）	朴木	日本厚朴	Magnolia obovata
ホンキリシマ	霧島躑躅		Rhododendron obtusum
ホツツジ	穂躑躅	穗杜鵑	Elliottia paniculata
マコモ	真菰	茭白	Zizania latifolia、
マンサク	満作、万作、金縷梅		Hamamelis japonica
マテバシィ	馬刀葉椎、全手葉椎		Pasania edulis Makino
マダケ	真竹		Phyllostachys bambusoides Sieb. et Zucc.

日文	日漢字	中文	學名
マサキ	柾	大葉黃楊	Euonymus japonicus Thunb.
マメザクラ	豆櫻		Prunus incisa Thunb.
マルバウツギ	丸葉空木		Deutzia scabra
マルバシャリンバイ	丸葉車輪梅		Rhaphiolepis umbellata (Thunb.) Makino
マンリョウ	萬兩	硃砂根	Ardisia crenata Sims
ミツガシワ	三槲	睡菜	Menyanthes trifoliata
ミズナラ	水楢		Quercus mongolica Fisch. var. grosseserrata Rehd. et Wils.
ミズキ	水木		Cornus controversa
ミヤコザサ	都笹		Sasa nipponica (Makino) Makino et Shibata
ミツバツチグリ	三葉土栗	三葉委陵菜	Potentilla freyniana
ミヤマザクラ	深山櫻		Prunus maximowiczii
ミヤマシキミ	深山樒		Skimmia japonica Thunb.
ムクノキ	椋木	糙葉樹	Aphananthe aspera

日文	日漢字	中文	學名
ムラサキシキブ	紫式部	日本紫珠	Callicarpa japonica
メタセコイア	水杉、曙杉		Metasequoia glyptostroboides Hu et Cheng
モクレン	木蓮		Magnolia quinquepeta
モミ	樅	日本冷杉	Abies firma Sieb. et Zucc.
モミジ	紅葉、椛		
モミジバスズカケノキ	紅葉葉鈴懸の木	二球懸鈴木、俗稱爲法國梧桐	
モチノキ	黐木	全緣冬青	Ilex integra
モウソウチク	孟宗竹	孟宗竹	Phyllostachys pubescens Mazel
ラクウショウ	落羽松		
リョウブ	柃棓	珍珠菜	Clethra barbinervis
リョウメンシダ	兩面羊齒		Polystichopsis standishii (Moore) Tagawa
レバノンシーダ		黎巴嫩雪松	Cedrus deodara
レモンエゴマ	檸檬荏胡麻		P. frutescens var. citriodora

日文	日漢字	中文	學名
レンゲショウマ	蓮華升麻		Anemonopsis macrophylla Sieb. et Zucc.
ヤエキリシマ	八重霧島		
ヤグルマソウ	矢車草	鬼燈檠	Rodgersia podophylla
ヤハズアジサイ	矢筈紫陽花		Hydrangea sikokiana
ヤツデ	八手		Fatsia japonica
ヤマイタチシダ	山鼬羊齒		Dryopteris bissetiana
ヤマグルマ	山車		Trochodendron aralioides Sieb. et Zucc.
ヤマトアオダモ	梣	梣	Fraxinus longicuspis
ヤマボウシ	山法師	四照花	Cornus kousa
ヤマコウバシ	山香	白葉釣樟	Lindera glauca (Sieb. et Zucc.) Blume
ヤマウグイスカグラ	山鶯神樂		Lonicera gracilipes var. gracilipes
ヤマユリ	山百合	天香百合	Lilium auratum
ヤマブキソウ	山吹草		Hylomecon japonica

日文	日漢字	中文	學名
ヤブコウジ	藪柑子	紫金牛	Ardisia japonica
ヤブラン	藪蘭	闊葉山麥冬	Liriope muscari
ヤブツバキ	藪椿	山茶	Camellia japonica
ヤブニッケイ	藪肉桂	天竺桂	Cinnamomum yabunikkei
ユズリハ	楪		Daphniphyllum macropodum
ユリノキ	百合木		Liriodendron tulipifera L.
ヨシ原	蘆原	蘆原、蘆葦叢	

日本再發現 009

漫步東京森林

カラー版 東京の森を歩く

國家圖書館出版品預行編目 (CIP) 資料

漫步東京森林 / 福嶋司著；張宇心譯. -- 初版. -- 臺北市：健行文化出版：九歌發行，2019.09

面； 公分. -- (日本再發現；9)

譯自：カラー版 東京の森を歩く

ISBN 978-986-97668-4-5(平裝)

1. 人文地理 2. 森林生態學 3. 日本東京都

731.726085 108010886

作　　者——福嶋司

譯　　者——張宇心

責任編輯——莊琬華

發 行 人——蔡澤蘋

出　　版——健行文化出版事業有限公司

台北市 105 八德路 3 段 12 巷 57 弄 40 號

電話／02-25776564・傳真／02-25789205

郵政劃撥／0112263-4

九歌文學網 www.chiuko.com.tw

印　　刷——前進彩藝有限公司

法律顧問——龍躍天律師・蕭雄淋律師・董安丹律師

發　　行——九歌出版社有限公司

台北市 105 八德路 3 段 12 巷 57 弄 40 號

電話／02-25776564・傳真／02-25789205

初　　版——2019 年 9 月

定　　價——380 元

書　　號——0211009

I S B N——978-986-97668-4-5

（缺頁、破損或裝訂錯誤，請寄回本公司更換）